U0940612

广东省普通高校人文社科重点研究基地粤西教师教育研究中心资助项目
广东省协同创新平台粤台教师教育协同创新发展中心资助项目
教育部地方高校第一批本科专业综合改革试点“小学教育”资助项目
广东省创新强校工程“地方高师院校教、研、创‘三力型’小学卓越教师培养模式的探索与实践”资助项目

乡村学校校本研修制度构建与实践探索

谢耀丰　何淑怡　王林发　著

图书在版编目（CIP）数据

乡村学校校本研修制度构建与实践探索 / 谢耀丰，何淑怡，王林发著．—重庆：西南师范大学出版社，2017.9

ISBN 978-7-5621-9017-2

Ⅰ．①乡… Ⅱ．①谢… ②何… ③王… Ⅲ．①农村学校—教学研究 Ⅳ．①G725

中国版本图书馆 CIP 数据核字（2017）第 249188 号

乡村学校校本研修制度构建与实践探索

谢耀丰　何淑怡　王林发　著

责任编辑：雷　刚　胡秀英

特约编辑：李媛媛

封面设计：天之赋设计室

出版发行：西南师范大学出版社

地址：重庆市北碚区天生路 1 号

邮编：400715　市场营销部电话：023-68868624

http：//www.xscbs.com

经　　销：新华书店

印　　刷：重庆荟文印务有限公司

开　　本：720mm×1030mm　1/16

印　　张：12.25

字　　数：171 千字

版　　次：2018 年 1 月　第 1 版

印　　次：2018 年 1 月　第 1 次印刷

书　　号：ISBN 978-7-5621-9017-2

定　　价：35.00 元

若有印装质量问题，请联系出版社调换

《名师工程》

系列丛书

编者的话

当前，以人为本的教育理念正在逐步深化，素质教育以及基础教育课程改革不断推进。在这场深刻又艰苦的教育改革中，涌现了无数甘为人梯、乐于奉献的优秀教师。他们积极探索、更新观念、敢于创新、善于改革，在实践中创造性地发展、总结了很多先进的教育思想、教育理念；创造性地开发了很多新的教学模式、教学内容和教学方法。这些新思想、新模式、新方法在实践中极大地提高了教学质量，是教育改革实践中的新内涵和宝贵财富。这些优秀教师就是我们的名师，这些新内涵就是名师的核心教育力。整理、总结、发展、推广这些教育新内涵，是深化教育改革、完善教育体制、提高教育质量、提升教师水平的一件大事。

教育，是民族振兴的基石；教师，是教育发展的根基。

胡锦涛在全国优秀教师代表座谈会上指出："教师是人类文明的传承者。推动教育事业又好又快发展，培养高素质人才，教师是关键。没有高水平的教师队伍，就没有高质量的教育。"十七大报告又进一步强调了必须加强教师队伍建设，不断提高教师的素质。当今世界，社会进步一日千里，科技发展日新月异，知识更新的周期越来越短。教师作为"文明的传承者"更要与时俱进，刻苦钻研、奋发进取，尽快提升自身素质和能力，为推动教育事业的健康发展贡献自己的力量。

基于以上，西南师范大学出版社策划、组织出版了大型系列教育丛书——"名师工程"。希望通过总结名师的创新经验、先进理念，宣传名师的核心教育力，为广大教师职业生涯提供精神源泉和实践动力，在教育实践层面切实推动从教者职业素养的提升。通过"名师工程"实现"打造名师的工程"。

丛书在策划、创作过程中力求实现以下特色：

一、理念创新，体现教育的人本精神

教师角色在以人为本的教育理念下发生了重大的变化，教师的素质和能力也面临更高的要求。如何弘扬、培植学生的主体性、增强学生的主体意识、发展学生的主体能力、塑造学生的主体人格等问题成为教师在目前教育中亟待解决的难题。丛书以教育管理者和教师为主要读者对象，通过教师综合素质的提高而将人本教育的思想落实到教育实践中，真正实现教育培养人、塑造人、发展人的本质要求。

二、全面构建，系统提升教师的教育能力

丛书选题的最大特点就是系统、全面地针对教师教育能力的提升而展开。施教者的能力决定教育的效果，教育改革的落实、教育效果的提高无不体现在教师身上。丛书针对不同教育能力、不同教学要求、不同教育对象，有针对性地设置选题。棘手学生、课堂切入、引导艺术、班主任的教导力、互动艺术、课堂效率、心灵教育等等，这些鲜明的主题从教育的细节出发，从教育实际情况出发，有针对性地解决问题，让教师在阅读中学有所指、读有所获。

三、科学权威，体现教育的时代前沿性

丛书邀请全国各地著名的教育工作者执笔，汇集在教育改革与实践中涌现的先进理念、成果和方法，经过专家认真遴选、评点总结而成，代表了目前教育实践中先进的教育生产力，具有时代前沿性，是广大一线教师学习、借鉴的好素材。

四、注重实践，突出施教的实用价值

丛书采用了通俗的创作方法，把死板的道理鲜活化，把教条的写法改变为以案例为主，分析、评点为辅，把最先进的教育理念和方法融入有趣的情境中。经典的案例，情境式的叙述，流畅的语言，充满感情的评述，发人深省的剖析，娓娓道来、深入浅出，让教师更充分地领会先进、有效的教育方法。

在诸多教育、出版界同仁的支持与努力下，“名师工程”陆续推出了“名师讲述系列”“教学提升系列”“教学新突破系列”“高中新课程系列”“教师成长系列”“大师讲坛系列”“教育细节系列”“创新语文教学系列”“教育管理力系列”“教师修炼系列”“创新数学教学系列”“教育通识系列”“教育心理系列”“创新课堂系列”“思想者系列”“名师名课系列”“幼师提升系列”“优化教学系列”“教研提升系列”“名校长核心思想系列”“名校工程系列”“高效课堂系列”“创新班主任系列”“教育探索者系列”等系列，共160多个品种，后续图书也将陆续出版。

丛书在出版创作过程中得到各地、各级教育部门与教育工作者的大力支持与帮助，在此一并表示感谢！

教育事业是全社会共同的事业，本丛书的出版一方面希望能对广大教育工作者有所帮助，共飨先进成果；另一方面也是抛砖引玉，希望更多的教育工作者参与到出版创作中来，百家争鸣、百花齐放，为促进教育事业的发展共同努力！

前　言

乡村学校校本研修“制海弄潮逐浪高”

促进乡村教师良性发展，是乡村基础教育课程改革的深切呼唤，是促进基础教育均衡化发展和实现教育公平的重要举措，是教育为社会主义新农村建设服务的实践担当。《国家中长期教育改革和发展规划纲要（2010—2020年）》（以下简称《纲要》）中明确提出“以农村教师为重点，提高中小学教师队伍整体素质”的要求。校本研修对于基础教育课程改革、社会主义新农村建设而言，起着战略性、全局性和基础性的作用。基于此，广东省湛江市东简中学当下正在全力完善与构建乡村教师可持续发展机制，制订与形成乡村教师专业化发展的校本研修制度，建立与健全乡村教师的教育保障体系，以促进乡村教师的良性发展和整体素质提升。

这里提到的“校本研修制度”不是基于传统的校本教研、校本培训活动，而是基于培养乡村教师卓越品质的校本研修活动。乡村教师是乡村教育的中流砥柱，其能力素质决定着乡村教育的水平。在新课程改革中应运而生的校本研修，能促进教师在学习中成长，在反思中成长，在同伴合作与互助中成长，成为教师专业化发展的必然选择。乡村校本研修制度作为乡村教师发展的新机制，将成为乡村教师最强有力的制度保障，旨在倡导和制订适合乡村教师学习和专业化发展的方式。

校本研修制度构建过程中，东简中学考虑到乡村教师收入低、

工作压力大及发展机会稀缺等因素，基于校本资源的情况，适度地对教师的实际工作提出要求，并以专业性的提升为基准，为乡村教师提供个性化的专业支持。学校还采用丰富多样的校本研修模式，如“课例研讨”“微课题研究”“互联网交流”“茶馆式座谈”“‘草根’名师工作室”等，为乡村教师拓宽了校本研修的思路。

对于一所乡村学校的发展来说，若没有校本实践的支持，新课程改革的理论就是苍白的。理论不能脱离实践，新课程改革需要通过学校实践来描绘出它构建的蓝图。因此，本书主要针对“乡村校本研修制度”这一概念提出的背景进行梳理，并对其内涵进行解释和剖析。

具体来说，本书在理论上对乡村学校校本研修制度的开展背景、内涵、优势、实践历程、研修模式、核心理念等做了比较系统的探讨、论述和分析。在乡村学校校本研修制度的改进路线的实践探索中对明确化制度的目标及方向、创新化制度的策略及方法、常态化制度的研究及探讨进行了较全面的研究，并提出了操作性较强的实施方案。另外，书中对教师专业化发展和学校跨越式发展分别做了重点阐述，围绕教师专业化发展的前沿性、层次性、合作性、实践性，从教师个体的素质内涵到学校层面的机制建立，从确定发展目标到具体实施，均落实了乡村学校校本研修制度的理论和实践系统。尤其是东简中学提出的以课例研讨为载体的校本研修，填补了乡村校本研修的实践空白，有力地促进了教师的专业化发展。由于对乡村教师的研究仅限于学校校本课堂的教育教学实践案例的撰写和编制，故该校本研修制度需要学校在往后的发展中通过引进专家、争取教育部门的相关支持，使探索出来的途径与方法得到更加广泛的推广，以进一步提升乡村学校校本研修制度的理论价值。

在当前知识更新日益加快的时代浪潮下，本书始终坚持着这样的理念和宗旨：扎根乡村学校，以乡村教师的教育教学实践和教育行为为理论根基，使乡村学校随着社会的发展而进步；密切跟踪乡村教师研修的新思潮，深入挖掘校本研修的特色；传播校本研修新理念，推广校本研修实践新成果，改进乡村学校人才管理模式，为广大乡村教师实现可持续发展提供制度保障，也为中小学制订完善的校本研修制度提供普遍、通用的参考模式。

由于本书所参考的资料不足，加上作者水平有限，书中难免有错误和不妥之处，恳请读者批评指正。

目 录

第一章 乡村学校校本研修制度的构建背景

DI-YI ZHANG

在教育改革时期，校本研修能够使教师成长，学校发展，教育改革获得成效。校本研修制度是影响校本研修成败的主要因素。在乡村学校中构建校本研修制度，具有十分重要的意义。乡村学校校本研修制度的出现既与知识经济发展的时代背景、学校特色发展的客观要求、教师专业化发展的社会需要有关，又与校本研修过程中遇到的问题有关。

第一节　知识经济发展的时代背景

一、新课程改革的需要

20世纪末，本着基础性、开放性、民主性、个性化的原则，中共中央、国务院明确提出了“深化教育改革，全面推进素质教育”的口号，开始推行新一轮课程改革，这对我国教育事业的发展产生了深远的影响。新课程改革包含课程目标、课程结构、课程内容、课程实施、课程评价、课程管理等方面的革新，与原来的课程相比，新课程在各方面都有了重大的创新和突破。新课程改革要求中小学教师改变多年来习以为常的教学方式与教学行为，树立一种崭新的教育观念；坚决反对过于注重知识传授的行为，而强调知识与技能、过程与方法、情感态度与价值观三维目标的达成；提倡要使学生学习更多与生活密切联系的“活”知识，尽可能激发学生的学习兴趣，变“要学生学”为“学生要学”。只有这样，新课程改革才能符合未来社会对人才素质的要求和学生的身心发展规律。

当今世界，科学技术迅猛发展，知识经济已初见端倪，国力竞争日趋激烈。在这个转折点和关键时期，我们需要重新审视传统的教育制度，思考如何让在综合国力的形成中处于基础地位的教育最

大限度地发挥作用。自新课程改革以来，“知识经济”“信息化时代”“学校应成为首批学习型组织”等先进理念已经慢慢渗透于一线教师的思想与言行之中，校本研修作为促进教师专业化发展的一种重要方式，已成为一线教师的一个重要的研究课题。它要求教师重新认识和确立自己的角色，要求教师在教书育人的同时，必须去研究、学习，不断提高自身的专业素养，以便使自己在激烈的竞争中立于不败之地。

教育能否为社会培养出适应时代发展的新型人才，教育能否培养出能促进社会发展的复合型人才，教师起着非常关键的作用。在当代教育中，教师不再是单纯的说教者，而是教育的引导者、研究者、实践者和探索者。伴随着新课程改革的不断推进，人们对教师的认识不再是肤浅的，而是渐渐意识到教师不同于其他专业人员。教师职业有一个非常明显的特征就是实践性，也就是说，教师要在具体的教学实践中将一些“隐性的知识”突出化，这就需要通过校本研修来实现。基于此，我们说校本研修是应时而兴、与时俱进的专业研修方式。

《纲要》提出，要吸引优秀人才长期从教、终身从教，鼓励高校毕业生到艰苦边远地区当教师，努力造就一支师德高尚、业务精湛、结构合理、充满活力的高素质专业化教师队伍。我国是一个发展中国家，还是一个科技文化水平偏低的人口大国。想要增强综合国力，提高国民的整体素质是一个突破口。迄今为止，提高国民素质的最好途径就是发展教育，基于我国的实际国情，乡村教育是不可忽视的一部分。近几年来，尽管一些乡村已经开始了校本研修的实验和试行，但由于校本研修制度尚不完善，未能真正发挥其对校本研修工作的基础性、导向性作用，导致校本研修开展得并不顺利。而且学校在校本研修实践中遇到了一系列的问题，比如，过度注重研究教学中存在的问题，过分关注学生学业成绩的提高，却忽视了教师的专业化发展；缺少有效的评价机制，校本研修发展的后劲不足；

校本研修活动缺乏计划性，随意性大；缺乏理论引导和有效指导，影响了校本研修工作的结果；等等。随着新课程改革的不断深化，传统的校本研修已经不能适应新课程的需要，创新乡村学校校本研修成为进一步推进课程改革的客观要求。

出于新课程改革的需要，乡村学校校本研修中最为重要的制度也必须予以变革，因为旧的制度已经远远不能满足当今时代的要求了。

二、教育改革形势的需要

为什么乡村学校校本研修制度的产生源于教育改革形势的需要呢？这一问题，出自以下两方面的考虑。

第一，教育改革的形势要求教师专业化发展。教育改革与教师专业化发展之间存在密切的联系。一方面，教育改革需要教师专业化发展的支撑，广大一线教师只有提升自身的专业素养、促进自身的专业化发展，才能更好地参与教育改革。另一方面，教育改革的过程也是教师专业化发展的过程，在积极参与教育改革的过程中，教师可以获得更多的专业化发展机会。

第二，教育改革的形势要求教师转变角色。教育改革的形势对教师的专业素养提出了新的要求，在这些要求中，最值得强调的是教师转变专业角色。具体而言，从教学角度来看，教师要由原来的教学执行者转变为教学创设者；从师生关系角度来看，教师要由原来单纯的知识传授者变为学生学习的组织者、参与者和引导者。

基于以上两方面的考虑，构建乡村学校校本研修制度势在必行。我们还注意到，当前，要想在全国或区域范围内建设一支全面适应教育改革的教师队伍，绝不是一朝一夕的事，那么，在这种情况下，我们构建乡村学校校本研修制度又有什么依据呢？

其一，坚持以人为本、推进素质教育是教育改革的战略主题。随着素质教育的实施、推进和深化，教育改革对乡村教师的专业素质提出了更高的目标与要求。搞好乡村学校校本研修制度，是达到

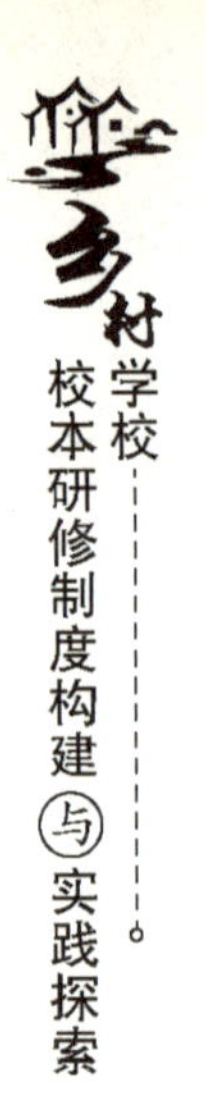

这些目标和要求的最佳途径。

其二，树立终身教育的思想是教育改革的方向。随着社会经济的快速发展和知识的不断更新，我们几乎每天都在过着不一样的生活，学习几乎已经成为我们适应这个时代的通行证，终身教育、终身学习是我们为了适应社会现实而树立的理念。作为教师，我们更要具备自我发展、自我完善的能力，不断提高自身素质，不断更新自己的教育观念和专业知识。设想一下，如果一个教师的思想观念从始至终都是一成不变的，那他怎能培养出适应社会发展的人才呢？所以，每位教师都必须具备终身学习的能力，这既是社会发展对每个人的要求，也是教育改革对每位教师的要求。为此，在现代教育理念的指导下，学校应该抓好校本研修工作，教师也需要端正态度，不断学习、研究，培养自己各方面的能力。

校本研修制度是促进教师专业化发展和推动新课程改革顺利实施的有效手段，所以我们必须研究它、健全它、完善它、运用它。只有这样，才能造就一支师德高尚、充满活力的高素质专业化的教师队伍，才能有助于新课程改革的顺利实施，符合面向现代化、面向世界、面向未来的要求，适应全面建成小康社会、建设创新型国家的需要，全面实施素质教育，推动教育事业在新的历史起点上发展，为中华民族的伟大复兴和人类的文明进步做出更大的贡献。

第二节　学校特色发展的客观要求

一、教育新理念应运而生

在新课程改革之前，我们一直都是在传统教育模式下成长起来的。传统教育模式大多以讲授为中心，教师填鸭式地“满堂灌”，学生被动地接受知识，教师是教学活动的主导者，是绝对的权威。绝大多数课堂是这样的：教师在讲台上滔滔不绝地讲，学生在讲台下忙碌地做笔记。这种教育模式使得学生养成了依赖和被动学习的坏习惯，禁锢了学生的思维，甚至在某种程度上抹杀了学生的创造性。

新课程改革的开展使得传统教育模式受到了冲击，于是涌现出了一大批更适应这一潮流的教育模式。因此，教育改革的形势要求转变传统的以教师为中心的教学模式，强调“授之以鱼，不如授之以渔”，要求教师树立新的学生观，培养学生学习的自主性、探究性与合作性，提高学生的实践能力。传统的教育理念已难以满足这一转变，于是教育新理念应运而生。

古罗马思想家普鲁塔克明确指出，学生不是一个需要填满的罐子，而是一颗需要点燃的火种！教育新理念一般是以学生为主，进而提出“以人为本”的教育主旨，要求学校和教师做到“一切为了学生，为了学生的一切”。毫无疑问，这是正确的、有效的，是适应新时代发展特点的。后来，许多学校在这一教育新理念的基础上进行了补充说明，使其进一步完善，成为自己学校特有的办学宗旨。

接下来，我们以东简中学为例，分析其教育理念的基本特点，从中也许可以看出为什么新理念与旧理念相比更适应教育改革的发展。

第一，学校打破旧体系，努力构建校园文化新体系，促进学校管理步上新台阶。第二，学校转变观念，强化教师队伍的管理与建设，积极探索校本研修，以特色研修引领教师的专业化发展。第三，现代教育理念认为，学生只有把学校视为成长的乐园，人格得到尊重，个性得到张扬，兴趣得到满足，有归属感、成功感，才能谈得上各方面的发展。因此，学校努力打造学生成长的乐园，为学生的终身幸福负责。

社会步入知识经济时代后，随之而来的教育新理念冲击着人们的思维，教育提出的新要求也促使人们必须做出改变。不管是学校

还是教师，都应该接受教育的洗礼。教师需要积极、自主地不断进行知识更新，以适应时代的发展，满足自身发展的需要，从而更好地实现自我价值和获得完满的生活。教育新理念也促使学校加快构建校本研修制度的步伐，以便进一步丰富学校的办学特色和校园文化积淀，最终达到办好人民满意的教育、做出无愧于时代要求的贡献的目的。

二、学校要具备核心竞争力

学校为什么应该具备核心竞争力呢？这是基于对教育发展大趋势的把握而提出来的，因为打造核心竞争力是学校生存和发展的必然选择。一所学校想持续发展并脱颖而出，就要拥有一支素质高、能力强、发展迅速的教师团队，因为教师才是学校发展的核心竞争力。而要想使一所乡村学校拥有强大的核心竞争力，我们必须加大对乡村学校校本研修制度的研究力度，因为它能保障教师的校本研修工作，促进教师的专业化发展。以下这几个方面是我们要特别关注的。

首先，校长是学校校本研修制度构建的第一责任人，而学校领导班子带领下的学科教研组教师是学校校本研修制度构建的关键，因为乡村学校的很多校本研修活动都是由校长、学科教研组教师共同开展的。要想使乡村学校校本研修制度得以顺利构建，使学校拥有强大的核心竞争力，乡村学校的校长需要比其他人做出更多的努力。比如，扎实做好自己的工作，全方位、多角度地贯彻落实教育新理念，加强行政队伍的管理与建设，强化教师队伍的管理与建设，强势推进有效教学，等等。

其次，加强制度建设和经费保障，能为乡村学校校本研修制度的构建保驾护航。俗话说："无规矩不成方圆。"所以，建立起一项好的制度，能解决很多现实问题，最明显的就是可以使人的不良行为和品质受到抑制、约束。乡村学校应设立专门的校本研修管理机构，并配套制订规范的业务研修、学习制度，如落实每次研修的时间、地点、人员、内容和教师参加研修的出勤、考核等情况，为校本研修的有序开展提供强有力的组织保障和制度保障，在全校范围内营造一个良好的研修氛围。

最后，关注乡村学校本身的优势及发展的可持续性。学校管理思路的清晰、办学行为的规范等都能为学校的可持续发展奠定基础。也许有人会产生疑问：乡村学校怎么会具有发展的可持续性呢？乡村学校的优势从何而来呢？其实，每所学校都有自身的闪光点，乡村学校也不例外，关键在于是否懂得挖掘并善于利用自身的优势。如果一所乡村学校的校长注重学校管理，注重加强自身学习，善于督促各行政部门相互协作，提高部门工作效率，建立健全的管理制度，确定明确的办学理念，并调动教师的主观能动性，积极开展校本研修，为学校的教育改革助力，就可以为学校的可持续发展注入新的活力。是的，也许很多乡村学校都会存在物质文化与精神文化滞后的问题，但只要懂得运用学校的优势，就会创造奇迹。

综观以上可以看出，一所乡村学校如果拥有优秀的管理者、完善的制度、发展的可持续性，那么，这所乡村学校的校本研修制度构建就能顺利进行，学校的竞争力也会持续增强。

第三节　教师专业化发展的社会需要

古语有云："一日为师，终身为父。"教师职业是最古老的职业之一，只要有学校存在，教师职业就会永远存在下去。现在，教师职业已由过去一般性的职业慢慢发展成为专业性的职业，这是教师职业现代化的重要标志。但是在乡村学校教师职业发展的过程中，也会遇到不少阻碍，而教师职业困顿就是其中之一。

接下来，我们一起来了解一下目前教师职业困顿的基本成因。这有助于我们了解为什么说乡村学校教师专业化发展顺应了新课程改革的需要。

第一，教师承受的压力过大。教师承受的压力首先来自教育制度这个大环境。近几年对应试教育的负面评价，导致教师首当其冲地被批判，他们被指责为禁锢学生的思维、侵犯学生的权利等。可一线教师是无权取消考试的，因此，他们真的是“哑巴吃黄连——有苦说不出”。其次来自家长。家长对教师的要求极高，认为教师理所当然地要负责孩子的成长、思想、安全等，甚至一些本应是家长的责任也成了教师的事情。家长似乎把教师当作了保姆，而不是传道授业解惑者。还有部分压力来自学生。虽说“严师出高徒”，但严厉的教师容易让学生对其产生负面情绪。

第二，乡村学校教师的地位、待遇低。教师教书育人，为社会发展培养了一批批人才，做出了巨大贡献，但教师的社会地位和工资待遇都偏低。这些年来，随着教育事业的发展，虽然教师的地位、待遇都有所提高，但是还有这样一个群体的存在：在广袤而偏僻的土地上，他们在曲折的小道上接送学生，在破旧的校舍中给学生上课，他们就是乡村教师——一个平凡而又令人肃然起敬的群体。从日出到日落，从青丝到白头，他们为学生撑起了教育的蓝天，可是他们的境遇实在堪忧。长年在最困难的条件下执着地从事教育工作的乡村教师，工作很辛苦，收入依然得不到保障。因此，乡村学校自然出现了师资力量薄弱、整体素质偏低、教师流失严重、新教师补充困难等问题。

第三，教师心理问题普遍存在。教师每天都得超负荷地工作，上班的时间过长，以至于每天都像绷紧的弦一样，心理和情绪处于极度疲劳的状态。因此，心理学家认为，教师是产生心理问题的高危人群之一。乡村教师也面临着同样的困境，况且，在物资不足、教学环境差等多重因素的困扰下，心理问题在乡村教师中就更加突出了。

当今教师面临的种种职业困顿如果得不到缓解，就会严重影响教育事业和整个社会的发展。为了帮助教师冲破这些枷锁，除了社会、学校要大力改善外在大环境外，教师也要完善自身。随着教育改革形势的发展及新课程改革的推进，当今社会不仅要求教师具备一定的专业知识和技能，还对教师提出了更高层次的发展要求，如一流的教师素质、独特的教育思想和教育模式等。因此，教师职业专业化与专业职业化成了不可阻挡的新趋势。为此，我们要重新审视教师发展的现状，以了解乡村学校校本研修制度的构建对教师专业化发展所具有的意义。

一、凸显前沿性，拓宽教师的教育视野

放眼于人类科学发展史，我们会发现那些最为重要的前沿性的突破，往往离不开人的不懈追求。人生需要求知，需要不断发展。不管是谁，都需要不断地完善自己以适应瞬息万变的社会。“物竞天择，适者生存”，以教书育人为职业的教师也不例外。他们需要紧跟时代的步伐，开阔眼界，在新的知识背景下审视自己的学习与工作，促进自己的专业化发展。

而有效的乡村学校校本研修制度能够吸纳前沿的教育理念，把握最新的教育发展形势，不断吸收新的教育思想，更新教育观念，立足更高、更远的理想和目标，保证校本研修的敏感性和前瞻性，让教师在捕捉国内外教育教学热点的同时，实现自身的专业化发展。

二、凸显自主性，引领教师的梯度成长

当代教育不仅需要具备专业知识与技能的人才，而且需要具有独特的个性、独立思考的能力、较强的自主性和积极性的高层次人才。构建乡村学校校本研修制度有利于教师凸显自主性，引领教师

梯度成长。

校本研修的过程是教师自主、自律地进行专业研究的过程，毫无疑问，教师专业化发展也是一个自主、主动的过程。尤其是乡村教师的自主意识，既是其专业化发展的目标，又是其必备的素质。如果没有自主意识，就没有乡村教师专业的自我更新。只有具备自主性的乡村教师才能自觉谋求专业化发展，全心全意地从事乡村教育工作，开辟出一片教育的广阔天空。有了对校本研修的热情和自主性，教师便能经历一个“适应—发展—成熟”的成长历程，一步一个脚印地实现自身的梯度发展；反之，失去了自主性，教师就会失去专业化发展的内驱力。

三、凸显合作性，营造良好的合作氛围

竞争与合作是相互依存、不可分割的，我们在崇尚竞争的同时，也要提倡合作。合作非常重要。每个教师都具有自身特有的教学风格和认知方式，所有教师的教学风格和认知方式结合起来就会形成一个庞大的资源共享库。在这个注重合作的时代，教师之间要通力合作，形成积极的合作意识，营造良好的合作氛围，推动教育事业的发展。

校本研修是一种具有开放性、合作性的专业活动，并不局限于一个教师或一所学校。学校与学校之间、教师与教师之间，以及专家与教师之间都可以进行合作，以实现资源共享。学校特别是乡村学校开展校本研修，虚心地向其他学校学习与借鉴，教师之间可以建立起相互信任的情感，形成相互启发、相互补充的合作氛围，进而可以极大地激发教师自主研修的积极性与主动性，促进教师的专业化发展。而构建乡村学校校本研修制度能营造良好的合作氛围，保证合作的实现。

四、凸显实践性，提升教师的专业素养

我们正处于新课程改革的潮流之中，教育的发展要求每位教师

都要成为更高层次的实践教育者、思维创造者。“纸上得来终觉浅，绝知此事要躬行。”做学问，不能光靠吸收书本上的知识。书本知识固然重要，但还必须将书本上的理论与实践相结合，在实际生活中不断运用、深化理论，才能使之成为真知，成为属于自己的东西。校本研修是在一定理论指导下的实践性研究，构建乡村学校校本研修制度有助于确保校本研修的实践性，因此，它对于促进教师专业化发展、提升教师专业素养具有重要意义。

第四节　校本研修过程中遇到的问题

师资素养是影响教育质量的核心因素，而校本研修是提升师资专业素养整体水平的基本途径，校本研修制度则是促使校本研修成功的重要保证。所谓“路漫漫其修远兮，吾将上下而求索”，校本研修的道路还很漫长，需要我们百折不挠、不遗余力地去追求和探索。在校本研修的探索过程中，出现了许多问题，思索这些问题的解决方法对于构建校本研修制度有利。

一、教师的态度不够坚定

乡村教师在校本研修中所表现出来的态度不够坚定。我们可以将态度不够坚定理解为主动性不够，是指教师在参与校本研修的过程中表现出一种消极的情感，其实质就是研修的主体缺乏内需性驱动力。特别是乡村教师，由于各种因素的影响，使他们对校本研修好感较少。比如，有的教师要承受较大的生活压力；有的教师在学生缺失家庭教育、学习习惯欠佳等因素的影响下，永远是在忙碌地工作着，心力交瘁。职业倦怠让他们觉得校本研修只是一种形式，所以在这件事上抱着一种应付的消极态度。另外，大部分乡村教师

属于苦干型，他们更乐意把时间与精力放在让学生做作业上。他们采取“题海战术”，认为“世上无难事，只怕有心人”，觉得只要自己严抓学生作业，学生的成绩就会提升，因此对自身专业能力的提升没有过多的要求。还有一些教师认为校本研修的效果不大，甚至没有效果，并不能真正解决自己在教学中遇到的问题，因此积极性不高。

二、研修内容不丰富

研修内容不丰富是指教师在校本研修过程中的思维受限，所以造成校本研修的内容很单调，数来数去无非是那几种。是的，也许很多人会认为教师由于思维不活跃而难以理解校本研修的内容，从而放弃了对研修内容的完善。其实，校本研修内容的丰富性不一定与教师的思维活跃性完全呈正相关，不能单纯地说：教师思维不活跃，内容就欠丰富。这种说法显然过于武断。我们根据反思与总结，得出了校本研修内容不丰富的几个重要原因：其一，无方向性。不少乡村学校的校本研修内容没有明确的方向，由于缺乏主题性引领，使得研修主题呈现出不确定性，导致教师进行校本研修时无所适从，对校本研修的期待弱化，热情慢慢地消减。其二，适切性弱。大多数教师不愿意参加校本研修的原因是觉得它只是形式工程，并没有很好地解决自己在教育教学实践中遇到的问题，纯粹是纸上谈兵，不切实际。其三，时代性、本土性不明显。很多校本研修并没有从学校的实际出发，也没有很好地把握教育的发展方向，更没有基于办学理念凸显本土性。如此一来，校本研修的内容就缺乏丰富性了。

三、多种研修模式没有有机结合

开展校本研修，研修模式可以是多种多样的。如“四自”校本研修模式、“影子教师”校本研修模式、“自主发展学习”校本研修模式、“多向循环互动”校本研修模式、“教学、科研、培训”三位一体的校本研修模式等。有这么多种校本研修模式，学校的校本研修却未能取得预想的效果，这是为什么呢？有人认为，研修模式越多，研修的点就越多，那么研修就越难以深入，研修成果就会浮于表面。所以，不少人觉得校本研修模式单调一些未尝不是件好事。但也有人认为，如果校本研修过于集中于一种模式，又容易造成教师厌倦的心理，降低教师对校本研修的积极性，从而对教师的专业成长造成负面影响。其实，最明智的做法应该是首先明确研修的主题，然后根据研修主题选择适合的研修方式，或者寻求多种模式的有机结合，从而使教师在校本研修过程中有所收获，使校本研修能走向深入，走向本质。

总之，在校本研修过程中，教师的态度不够坚定、研修内容不丰富、多种研修模式没有有机结合，所有这些加起来就成了校本研修顺利开展的最大阻碍，因此构建有效的校本研修制度就变得尤为重要。在这个极度注重教育的时代，我们要善于发现校本研修制度构建中最深层次的问题，一步步完善，并促使其得到最大限度的优化，使教师的专业化发展上升到一个更高的境界。

第二章

DI-ER ZHANG

乡村学校校本研修制度的内涵解读

校本研修制度是以学校为基地，旨在营造教师主动学习、研究的氛围，开发教师群体的行动智慧，以促进教师的专业化发展的一种学校制度。在校本研修的实施和推进过程中，我们看到除了存在着自然的校际差异外，还存在着明显的城乡差异。城市学校的校本研修在客观条件上明显占优势，骨干教师比较集中，因此，校本研修水平较高；乡村学校的校本研修则存在着“后天不足”的问题，其办学条件、学校规模、重视程度、认识水平等因素对乡村学校开展校本研修造成了诸多的阻碍。而构建乡村学校校本研修制度对冲破这些阻碍、确保校本研修在乡村学校的顺利开展、发挥校本研修的积极作用具有重大意义。

第一节　乡村学校校本研修制度概述

随着素质教育和新课程改革的不断深化，校本研修逐渐受到人们的重视，成了当前基础教育改革的热点话题，教育界对校本研修的研究和实践探索也越来越多。

校本研修的内涵最初源于学校的校本培训、校本教研等活动。

比如，为了促进教师的发展，大致有两种培训方式。一种是“以质的培训为主”的方式，以教师的服务场所（学校）为培训基地，针对教学实际中的问题，组织临床性的教学诊断和训练，如美国的教师专业化发展学校（简称“PDS”）是其代表之一。另一种是“以量的培训为主”的方式，则是以专门的教师培训机构的场所为基地，主要采用专家讲座式集中培训，如我国目前为推进新一轮课程改革所开展的大规模教师培训就是主要采取这种培训形式。[①]

① 徐学俊，周冬祥．教师校本研修及其区域协作机制探索［J］．教育研究，2004(12)：65—69．

有些学者还根据自己对校本研修实践经验的总结，创造了许多新的研修模式，如沙龙式校本研修模式、“三型十环”校本研修模式、骨干教师教学辐射模式、课题研究式校本研究模式等。这些研修模式主要以提高教师素质为目标，以教育科学客观知识为核心内容，以集中培训教育为主要培养方法。然而，它是一种外在于主体的力量，对城市教师更有效，对乡村教师的作用却不大。因此，构建适用于乡村学校的校本研修制度就显得尤其重要。

但是，什么是乡村学校校本研修制度、为什么要构建乡村学校校本研修制度、建立什么样的乡村学校校本研修制度、如何实施乡村学校校本研修制度等问题都是亟待我们探讨和解答的。

一、学校校本研修制度的发展历程

在国外，学校校本研修制度的雏形最初于 20 世纪 70 年代中期在西方教育研究领域内率先出现。最先崭露头角的是校本教师教育(School-Based Teacher Education)。作为一种实践活动，它并不是新鲜事物。这种实践的渊源最早可追溯到教师培养的艺徒模式，如 19 世纪德国教区学校的教师训练、英国的教生制等。1944 年的《麦克奈尔报告》建议，中小学教师在指导和管理师范生方面应负起主要责任；1972 年的《詹姆斯报告》指出，在职培训应始于学校……每一所学校都应将教师的继续培训视为其任务的一个必要部分，学校的每一个成员都要对此负起责任。

20 世纪 80 年代中期，奥克肖特将实践者的知识分成技术性知识和实践性知识。前者可以以命题形式存在，可为人习得和应用；后者包含知性、信念、价值观、态度等，只存在于使用过程中，只能在实践活动中获得。麦克纳马拉认为，教师的知识包括学科知识、教学知识和课程知识。前两者深刻地影响着课堂实践，也为实践所影响和改变，而这两者是无法加以清晰区分的。舒尔曼则认为，在教学活动中最重要的因素是判断，即教育机智。这种判断是需要教师在实际的课堂情境中，在具体的实践活动中，通过领悟和内省来获得的。所有这些研究都支持实践经历和经验学习在教师成长中的重要作用，因而成为校本教师教育的重要的理论基础。

之后，一些学者进一步对此进行了理论上的探索。哈格里夫斯根据医学培训中的实习医院建议建立教学学校（Teaching School），瓦诺克提出了教师指导者的角色概念。1986 年，牛津实习期计划——“良师计划”首创了教师训练的伙伴关系。

校本教师教育作为一种思潮和制度存在则是 20 世纪 90 年代的事了。1992 年英国教育大臣克拉克提出，80％的教师职前教育应放在中小学进行。美国在 1989 年的全美教师联合会上提出，要着眼于未来的师资教育，把教师教育渗透到真实的教育情境和过程中。

随后，欧洲教师的校本在职教育（School-Based Inservice Education）方兴未艾。根据教师在职教育研究小组的研究者埃文斯提出的定义，所谓校本在职教育就是学校自发的在职教育，源于学校课程的需求和计划。它既把学校看作整体也看作部分，不仅要提高学科教研组的工作质量，还要满足个别教师的在职要求。它不仅把教师的校内在职教育当作提高教师专业知识的一种手段，而且把它看成学校变革的一种工具。这种观念的转变，促使校长们把学校改革的方向作为自己思考问题的基点和先决条件。

在荷兰，由于规定家长可为自己的孩子选择学校，这导致学校为争取优质生源而展开竞争。为了在竞争中增加获胜的机会，所有的学校都按照自己的方式与教师共同合作，努力办出自己的特色，树立自己的形象。一些学校只招收智力超常的学生，另一些学校则主张学生的全面发展；一些学校注重体育，另一些学校则强调艺术教育的重要性。

在斯洛文尼亚，在职教育活动仍然是分科进行的，然而，这些活动和学校的整体计划有密切的联系。通过对目标和资源的比较，他们认为先进行自然科学方面的教育比较现实，遂挑选一组自然科

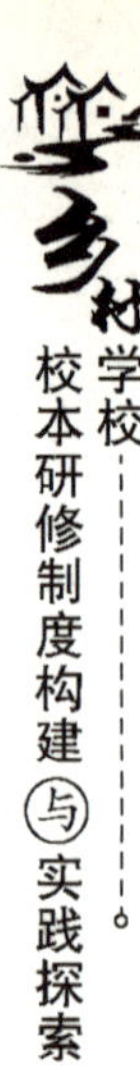

学教师到地方大学参加在职课程培训，使他们熟悉新的教学内容。培训结束后，这些教师再把所学的内容介绍给其他教师。然后，一部分教师开始组织自然科学夏令营，另一部分教师则计划成立课外自然科学俱乐部。

二、乡村学校校本研修制度的内涵

（一）乡村学校校本研修制度是什么

乡村学校校本研修制度是基于乡村学校，推进基础教育新课程改革，促进乡村教师专业化发展，使乡村教师的角色从单一的教育教学者转变为教育教学者、学习者、研究者的新型学校制度。

（二）乡村学校校本研修制度不是什么

首先，乡村学校校本研修制度不是为学校传统的教研活动所构建的制度。乡村学校传统的教研活动常常把学期的工作计划、工作总结和学校的常规管理制度当作校本研修，对教师发表论文，提交教案、听课笔记、札记等提出量化规定，导致校本研修成为一种形式化的活动，校本研修制度的构建也是空中楼阁。真正的乡村学校校本研修制度是在研究学校产生的问题的过程中，为了学校自身的发展，为了教师和学生的成长而服务的学校制度。

其次，乡村学校校本研修制度不是通过理论研究来提出假设，也不是通过文献资料的收集和逻辑的推演及思辨得出规律性的原理、理论，而是在学校的实际生活中进行研究，以日常教学中遇到和亟待解决的问题为视角和切入点，以实际问题的解决为目的，依托学校已有的环境资源、人力资源进行教学研究的制度。

三、国内对乡村学校校本研修制度的概念界定

教育部基础教育司课程发展处原处长沈白榆提出，建立以校为本的教研制度是基础教育课程改革实验向纵深发展的必然要求。他

认为，各省要逐步建立起一批省（市）级以校为本教研制度建设基地。结合农村地区的特点，以校为本，就是要充分发挥农村中心校的辐射作用，通过联片教研等有效措施，切实提高教师的专业水平。

2003年，周冬祥指出，基于教师教育改革的战略意义，必须实行相应的教师教育战略行动策略，必须建立有助于促进教师专业化发展的教师教育制度和管理制度，如教师专业化发展水平评估制度、新教师入职教育制度、教师校本研修区域协作制度、教师教育资源市场利用制度、教师歇业研修制度等，形成适应我国教育发展需要的新型教师教育体制。①

2003年底，在全国基础教育课程改革实验工作座谈会上，教育部副部长王湛对两年来课程改革实验工作做了总结。就建立以校为本的教研制度的工作，他提出了明确、具体的要求：建立以校为本的教研制度，是促进教师专业化发展的必然要求，将有利于创造教师间互相关爱，互相帮助，互相切磋、交流的学校文化，使学校不仅成为学生成长的场所，同时也成为教师成就事业，不断学习、提高的学习型组织。他还说，为促进以校为本的教研制度的建立，教育部从2004年开始，在国家实验区建设一批实验性、示范性的以校为本教研制度建设基地。

上海市古华中学提出构建自下而上的校本研修制度，建立以教师为主的校本研修制度的运行机制、行动策略，在教师实践研究的基础上，进行教研体系的构建和教研制度的创新，初步建立一套保障新课程实施的、适应教师专业化发展实际需要的、具有学校特色的校本研修制度。②

新的课程体系和新的研究方式理应有新的管理制度作为保障或

---

① 周冬祥．试论教师教育改革的战略意义及行动策略［J］．教育科学研究，2003（11）：23—25.

② 姜建玉．古华中学构建自下而上的校本研修制度［J］．现代教学，2005（1）：55—56.

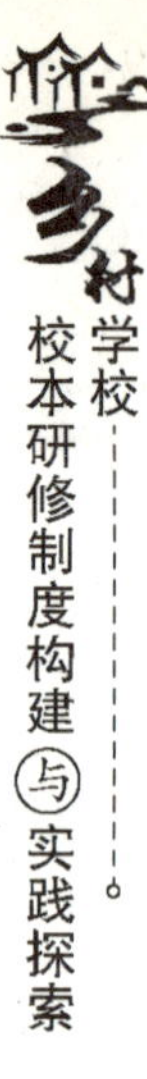

支撑，以保证校本教研的可持续性和有效发展。以校为本的教研制度作为一种科研制度，不同于学校的一般管理制度，因为教研制度的对象是教师，是知识的拥有者及知识的创造者。

近年来，浙江省奉化市实验小学以团队文化引领为切入口，充分挖掘校本研修的文化内涵，营造出“绿茶文化”“红酒文化”“咖啡文化”等一系列特色研修方式，走出了一条“制度保驾护航，文化引发内需”的研修之路，营造出芳香四溢的“自助助人，享受成长”的校本研修文化。①

顾泠沅、王洁对研修制度的看法如下：任何有效的操作模式能否经常地、广泛地应用，产生其应有的效益，都需要一定的制度加以保证。在制度保证的前提下，通过经常化的实践逐渐形成学校的教研文化，唯有如此，操作模式才能成为教师主动的自觉行为，比较充分地达到教师专业化发展的要求。学校按整体发展的要求，以制度的形式表述全校教师的共同理念，有助于给出具体环境下具体的行动指南。制度背后承载着的是学校发展的目标、教师的信念。②

张玮认为，以教师任职学校为主阵地开展校本研修活动，是促进教师个人的专业化成长和可持续发展的有效途径，也是促进学校教学质量稳步提升和内涵式发展的一种有效手段。③

田爱丽认为，校本培训是指在教育行政部门和有关业务部门的指导和规划下，以教师的任职学校为基本培训单位，以提高教师的教育教学能力为主要目标，把培训和教育教学、科研活动紧密结合起来的教师继续教育模式。④

从上述对乡村学校校本研修制度相关概念的各种看法中我们能

---

① 江鸿．文化引领，挖掘校本研修的深度内涵［J］．教师，2013（15）：114－115.

② 顾泠沅，王洁．促进教师专业化发展的校本教学研修［J］．上海教育科研，2004（2）：4－13.

③ 张玮．农村学校校本研修制度建设调研浅探［J］．课程教育研究，2013（30）：64.

④ 田爱丽．校本培训：提高教师科研素质的新途径［J］．现代中小学教育，2001（8）：44－46.

够看出它们的共同之处：乡村学校校本研修制度是对乡村学校的教研、科研、培训一体化的学校制度的有关界定，简单地说，就是以学校为基地的师资培训或教师教育，与教学研究、教育科研融合在一起，以提高教师的教育教学能力为主要目标的教师教育活动。

综上所述，乡村学校校本研修制度，顾名思义，就是为了乡村学校的发展，为了乡村教师的专业化发展，为了乡村学生的长远发展，在乡村学校中通过开展研修活动，采取同伴互助、专家引领、在实践中反思等方式解决教育教学中的问题，不断更新教师的知识库，逐渐构建教师自己的教学风格，提高学校的教学质量的学校制度。

总之，乡村学校校本研修制度源于乡村学校发展的需要，由乡村学校发起和规划，旨在满足学校中每个教师的工作需要，依托学校具体的实践活动，将理论与学校的实践经验相结合，以探寻学校发展的方向，重新构建理论的路径。

当然，广大一线教师普遍持有一种观点：学校校本研修制度是指以学校教育、教师工作中存在的实际问题为切入口和着眼点，以预定目标和学校、教师的发展规划为基本方向，以满足学校内教师的专业化发展需求为根本目的，以学校自身力量、资源优势为主要依托，在学校、教师自我反思的基础上，在教师发展共同体的相互作用和影响下，在教育专家的指导与专业引领下，由学校自行设计与策划安排而实施的一系列分阶段、有层次的教师教育（包括教师培养、教师培训、教师进修及教师继续教育）与教育研究（包括教学研究及教育科研）有机融合的促进教与学的过程与活动的学校制度。这体现了广大教师对学校校本研修制度这一概念的理论理解。

在乡村学校发展的过程中，校本研修制度成了学校发展的重要抓手和有力保障。

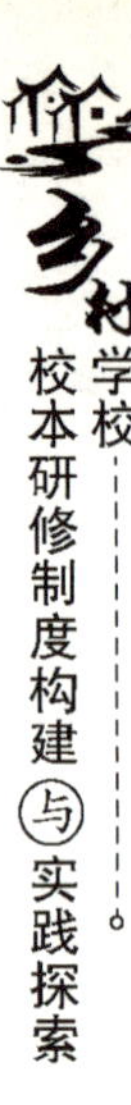

四、乡村学校校本研修制度的主要特征

（一）研修基地是乡村学校

乡村学校校本研修制度要求迎合新课程改革的发展潮流，产生积极的现代性转化需要，将校本培训、校本管理、校本研究、校本课程融为一体，打造新型的乡村校本教师教育体系。乡村学校是教师发展的家园，是教师开展工作的主要阵地，也是教师实现其价值的“用武之地”。

（二）现代教育理念引领教师的自觉行为

乡村学校校本研修制度要求依靠现代的教育理念和教育技术来指导教师的专业实践，使教师理解和掌握的理论逐步内化为教师特有的专业素质。教师在校本研修活动中所积累的经验是对其教育理论的提升，能提高教师专业素养，使教师成为研究者。

（三）以实践问题的解决为导向

乡村学校校本研修制度可以解决学校教师教育中理论与实践脱节的问题，所以非常强调理论与实践的联系。教师个体的专业知识是同教师教学活动的具体需要和实践情况相联系的鲜活知识，教师知识和智慧的形成具有实践性特征。

首先，课程内容是根据实践工作的需要来设计的，以教育教学的实践技能为主。这种技能可能来自中小学的实际经验，也可能来自大学的开发研究，但都由中小学负责选择和设计。其次，课程的实践与中小学的实践活动密切相关，课程实践的权利基本上归中小学，由中小学主持并在中小学中进行。

（四）具有校本性，基于学校的发展需要

乡村学校校本研修制度要求教师的专业化发展具有校本性，这就决定了制度的产生必须与学校的实际相结合。它针对学校发展需要而生，是一种校本的行动研究的制度形式。

（五）以研修一体化模式的构建为依托

将乡村学校校本研修制度的内容归纳起来，不外乎关于教师的“研”和“修”两方面，其实质是解决教育实践中的具体问题，注重教师个体的参与，注重教师经验的总结、兴趣的发展和能力的提高。

五、常见的乡村学校校本研修制度类型

乡村学校校本研修制度的类型并没有唯一的划分标准，根据不同的标准可以有不同的分类方法。下面列举几种主要的分类方法。

（一）按推动的主要力量划分

在教育改革的发展进程中，按照推动乡村学校校本研修制度的主要力量，乡村学校校本研修制度可以分为政府推动校本研修制度、校际联动合作推动校本研修制度、内驱驱动校本研修制度三类。

1. 政府推动校本研修制度

政府推动校本研修制度的产生，使乡村学校的校本研修制度产生了新变化。要改变传统的校本培训和校本教研的体制必须借助强有力的推手，需要政府的力量来推动。政府推动校本研修制度，能为教师发展开辟新的领域，有利于建立完整的机制，整合资源，方便全面推进，形成区域统领的教师专业化发展模式。

2. 校际联动合作推动校本研修制度

校本研修虽然是基于本校的发展，但不是闭门造车，发展的空间不应仅限于本校，而要通过寻求各种力量来进行研修。学校与学校之间的合作，可以壮大校本研修的专业力量，达到优势互补的效果。

3. 内驱驱动校本研修制度

内驱驱动源于学校内部迸发的动力。乡村学校校本研修活动的设计要从本校的师资力量和教师的发展需求两方面来考虑，使教师

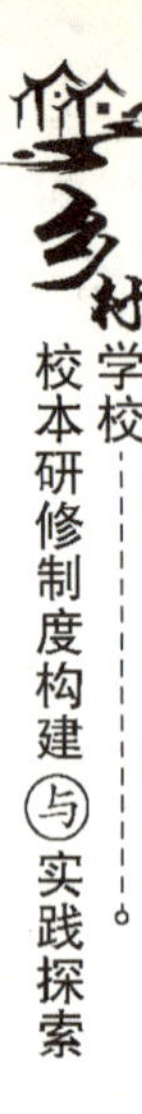

能积极主动地参与校本研修项目的设计，形成团结合作、平等对话、共创智慧的研修氛围，为教师的专业化发展提供帮助。

（二）按教师专业化发展的要素划分

按照引领教师专业化发展的要素，乡村学校校本研修制度可以分为个人反思型校本研修制度、同伴互助型校本研修制度、专家引领型校本研修制度三类。

1. 个人反思型校本研修制度

个人反思型校本研修制度由教师内在的反省和思考构成，让教师学会反思、形成读书习惯等。

2. 同伴互助型校本研修制度

学校可以通过研修小组集体备课、听课、研课等方式开展研修活动，达到同伴互助的效果。

3. 专家引领型校本研修制度

学校以聘请专家或组织教师外出听专家讲课、评课、指导课题研究等形式，将教师引领到研究的轨道上来。

（三）按校本研修聚焦的对象划分

按照校本研修聚焦的对象划分，乡村学校校本研修制度可以分为聚焦课堂型校本研修制度、聚焦教师型校本研修制度和聚焦学生型校本研修制度三类。

1. 聚焦课堂型校本研修制度

聚焦课堂型校本研修制度以课堂为研究平台，课堂是学校教育教学研究的基本组织形式，是学校教育教学改革的主阵地。

2. 聚焦教师型校本研修制度

聚焦教师型校本研修制度关注教师的角色转变。新课程改革彻底动摇了传统的教学模式，教师必须转换角色，成为学生学习的指导者，强调教师的教学艺术应与时俱进。

3. 聚焦学生型校本研修制度

聚焦学生型校本研修制度强调运用多元评价，强调学生的个性化学习，改变传统教学过于注重书本知识的习惯，根据学生自己的兴趣、特长选择学习内容，让学生掌握学习的主动权。

值得注意的是，以上乡村学校校本研修制度的类型一般都要经过学校的实践后才可推广，要根据学校的具体情况来实施。

第二节 乡村学校校本研修制度的优势和功能

乡村学校校本研修制度的形成是乡村学校机制发展成熟的里程碑。乡村学校校本研修制度能够促使学校教师趋向研究型。下面从学校、教师、学生等角度来探讨乡村学校校本研修制度在新课程改革浪潮中的优势与功能。

一、乡村学校校本研修制度的优势

（一）联系学校实际，机制灵活性强

校本研修制度是在个体理性与集体理性基本一致的背景下设计的，一旦形成，就不会受到违反、半途而废和理论与实际不符等问题的困扰，因为此制度的内容都源自对学校教育行为的实践。

乡村学校校本研修制度一般比较灵活，会随着学校研修活动时间的演进、效果、机制成熟的情况而调整，不会随着权力配置状况的变化而发生根本性的变迁。这些制度具有持久的存在价值，并且大多具有普遍性、广泛性、开放性的特点。

（二）提高教师地位，稳定教师队伍

乡村学校校本研修制度是在乡村学校本身产生的，是提高乡村

教师地位的保障机制。教师是一种与学校共生的存在。乡村学校校本研修制度的形成体现了学校对教师的生命、物质、差异与地位的关注。这一制度若能得到多方的支持和关注，就有机会让乡村教师接触到现代化的教师专业化发展模式。乡村学校校本研修制度以提高乡村教师素质为追求目标，以教育科学客观知识为核心内容，以集体研修为主要培养方式，是一种外在于主体的力量，能充分挖掘教师的潜能，帮助教师超越自我，丰富教师的教学经验，以适应新课程改革的形势。有了校本研修制度的保障，乡村教师就能体验生活、传承文明、融入乡土历史与现代文明、适应乡村社会文化环境。校本研修制度能使校本研修变得专业化，为乡村教师摆脱无聊、苦闷、无奈与忧虑等消极情绪提供机制，把乡村教师的注意力转向各种教育研修和学习。

唐松林、王祖霖认为，乡村学校校本研修制度还可以让教师“从狭隘的教育功利和技术垄断的羁绊中解放出来，从依附、盲从和定式中解放出来，从习俗、传统、群体的束缚和压迫中解放出来”①。

（三）提倡行动教育，使学生受益

乡村学校校本研修制度的产生是为了更好地为学生的学习服务。新课程改革与教师的研修活动交互推进，在提高学生的学习积极性和学习质量方面具有一定的贡献。学生是教师在教学行动中开展包括专业理论学习在内的校本研修活动的直接对象，是教师行动教育的受益者。学校构建合作学习的研究主体，强调教师的实践与理论学习，这样既可以避免单一主体的缺陷性，又能够了解学校的情况、学生的情况，还能结合在研修过程中获得的经验，克服以往研究者与实践者主体单一的缺憾，让学生直接受益。

乡村学校校本研修制度能够促使教师解放学生，真正做到把课

---

① 唐松林，王祖霖．“厚”乡村教师之“生”：城乡教师均衡发展之策略［J］．湖南师范大学教育科学学报，2015，14（3）：17－21.

堂还给学生，把学习的主动权还给学生；能够促使教师探究教师少讲、学生多学的方法和途径，提高课堂教学效率，让“学优生”出色发展、中等生加快发展、“学困生”自信发展，追求优质教学，体现教育公平；能够确立“以学生为主体、以教师为引导、以任务为主线、以发展为目标”的教学原则和“先学后教、分层指导、及时反馈、当堂达标”的教学策略，彻底消除长期以来影响学校管理教学工作和学校办学质量的不利因素。

（四）深化学校制度，重建校本文化

乡村学校校本研修制度的产生，实质是在传统的教研制度、校本培训制度上更深层的延伸，结合乡村学校的校本实际，取其精华、去其糟粕而形成的。董守生、魏薇认为，制度虽然属于文化范畴，但它用一系列的规章、条目、细则来表达时，往往让人觉得它是一些死板、僵化的教条，体现的是“物”性，与反映精神层面的狭义“文化”有所区别，因而有人对制度与文化进行区分，甚至出现“制度文化”的概念。我们在制度基础上讨论文化时强调“制度的价值观念、道德伦理、思想意识与制度和习惯、规范、规则的内在一致性”，即制定的制度能在多大程度上反映人们意识中所秉持的思想、道德和伦理的价值判断。从应然的角度讲，建立校本教研制度就是构建一种全新的教研文化甚至是学校文化，因为校本教研所蕴含的基本理念相对于传统的学校教育和学校研究来讲是革命性的。[①] 一流的学校靠文化管理，二流的学校靠制度管理，三流的学校靠权力管理。学校文化是学校进行教育改革的背景与源泉，是学校可持续发展的土壤。校本研修制度是学校文化极其重要的组成部分，是学校文化的基础，是维系学校正常秩序的保障机制，是学校文化建设的保障体系。

---

① 董守生，魏薇．校本教研制度建立的意义与价值探析［J］．中国教育学刊，2005（7）：71—75．

二、乡村学校校本研修制度的功能

（一）能为教师生成实践智慧提供保障机制

乡村学校校本研修制度是基于乡村学校的教学实践研究得出的经验而形成的。教师由此形成的实践智慧，是教师专业化发展必不可少的知识和经验基础。教育的进步，不单单在于国家政策的引导，更在于教师自身的不断进步和提高。金生将实践智慧描述为“是在实践上知道怎么做（know-how）的知识类型和推理形式，它不等同于任何脱离主体的存在的‘客观知识’，它是人在生活实践中知道怎样做的知识和经验”。[①] 校本研修制度则是教师在能动实践中生发的属于自我的认知，其目的不是概括出一般规律和理论，而是基于学校的实践，解决教学中出现的具体问题，实现教师自我的完善和发展。

校本研修是在教学中进行行动研究，在研究中改进教学，是教学与研究的内在融合。教师的实践智慧来自教学实践，但仅有教学实践还不能生成实践智慧，还需要教师在实践中不断地思考、反省和探究。校本研修制度强调教师的主体性和能动性，要求教师在教学中能动地“用教材教”而不是“教教材”，能动地创生教材、改造教学进程。在新课程改革理念下建立的乡村学校校本研修制度，是在制度上为教师从事教学研究提供规范，为教师实践智慧的生成提供保障机制。而教师的实践智慧是教师在教学实践中通过不断反思和探索而生发出的属于个体的实践性知识，它有利于教师完善教学实践、实现专业化发展。

我国乡村教师在年龄、学历构成、职业认同感等方面都存在严峻的现实问题。一项调查显示，68.8%的农村地区教师所在的学校进行科研工作时基本都以骨干教师为主，其他教师几乎不参与；

---

① 金生．教育哲学是实践哲学［J］．教育研究，1995（1）：17—22.

83.6%的教师认为教研组集体研讨活动的维持，最关键的因素是学校的制度要求与支持。由此可见，校本研修的全员参与性和可持续性较差。88.8%的农村地区教师认为，由于工作负担过重，导致他们几乎没有时间进行教育科研，而且自身的研究能力欠缺也严重影响到了他们的研究质量。①

有效的校本研修是教师专业化发展的需要。构建有效的校本研修制度，能为教师生成实践智慧提供保障，能使教师形成自己的教育风格和专长，全面提升教师的专业素质，包括科学先进的教育理念、丰富而系统的理论知识、娴熟的教育教学技能、优良的伦理道德和健康的身心素质，适应教育改革与发展的需要。

（二）能重新构建学校文化，促进学校的内涵发展

校本研修制度本身蕴含着丰富的教育意义。好的学校制度是重要的教育资源，可以增强人的权利意识、自主意识，提高人的主动性和自我发展的责任心，从而提高思想的层次，塑造健康的人格。相反，坏的学校制度是人身心发展的牢笼和桎梏，能摧毁人的创造性，使个人的批判意识、独立意识、怀疑精神、探究精神都受到压制，丧失过民主生活的能力。

校本研修制度作为一种教育制度，上升到文化层面，影响更为深远。学校制度文化作为学校文化的一部分，是维系学校正常秩序必不可少的保障机制，是校园文化建设的保障系统。只有建立完整的规章制度，规范教师的教学实践，才能保证学校各方面工作和活动的开展与落实。学校的规章制度制订得是否合理、科学，其贯彻执行是否有效果，直接反映了学校校园文化的建设程度、学校领导的文化素质及学校科学管理的水平。

校本研修制度在学校中既有着约束的作用，也有着激励的功能。

① 张敏霞，王陆，刘菁，郭立红．北京农村教师专业发展模式及存在问题的调查[J]．教师教育研究，2007，19（1）：76－80.

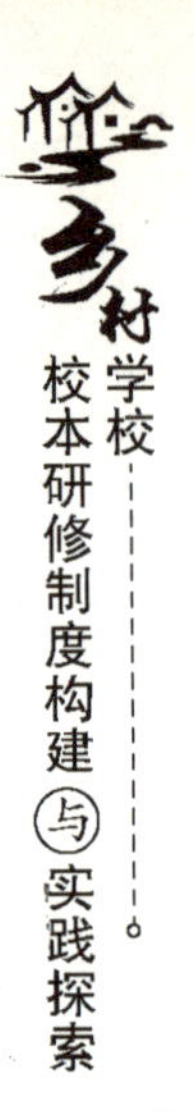

如果只有约束而没有激励，那么这一制度就成了纯粹束缚人的条条框框。实际上，它的激励功能主要是通过提倡什么或反对什么、鼓励什么或压抑什么的规定，借助奖惩条件、群体压力、个人的道德修养等方式得以实现的。比如，学校的校本研修制度规定了什么样的教师或什么样的行为必须受到惩罚，什么样的教师或什么样的行为应该得到奖励。这些规则及其所营造的氛围就会激励人们的行为朝着正确的方向前进，能够增强以校为本的教师教育管理观，营造科研型的学校氛围。

对于学校而言，校本研修制度又是学校对教师的一项感情投资，能较好地调动教师的积极性，提高教师教学的质量和参加科研的热情。通过研究教师的校本研修活动来形成学校的制度文化，有利于学校形成以制度为底线，刚性的规章制度与浓郁的人文氛围有机结合的研修氛围，促进学校的良性发展。

第三节　对乡村学校校本研修制度的进一步探索

一、我国当前乡村学校校本研修制度发展的情况

传统乡村学校的校本研修制度存在着明显局限，不能适应当今教育的发展趋势和新课程改革的需要，主要表现在两方面：一方面，学校的校本研修缺少基本的制度规范，得不到应有的重视，教师和学生的内心需要得不到有效的表达；另一方面，校外研修工作常常脱离学校的实际教学，即使校外专家或研究机构主观上愿意为解决学校的实际问题而研究，但由于缺少机制上的保证和制度上的规范，所以无法使之落到实处，这在客观上淡化了学校的校本研修或导致学校的校本研修脱离了实际。

2003 年，辽宁省大连市西岗区启动了校本培训工程，把校本培

训确定为中小学教师继续教育的主要形式。根据教育部的统一规划，2004—2008 年是新的一轮中小学教师继续教育周期，根据上级教育行政部门的统一要求，西岗区结合地区实际，出台了《2004—2008 年中小学教师继续教育工作实施规则》，对校本培训工作提出了更加明确具体的要求，并在 2005 年 4 月下发了《关于全面推进校本培训工作的意见》。

由成都教育学院周小山教授主持的全国教育科学“十五”规划课题“以基础教育课程改革为核心内容的校本研修研究”对校本研修制度建设做了深入的探索，并形成了一套完整的制度。此套制度包括以下四个方面：一是建立一年一审的校本研修申报审批制度；二是确立“校长是校本研修的第一责任人”的制度；三是建立校本研修的激励约束制度；四是建立校本研修评价机制。

江苏太仓市沙溪镇第一小学的沈肖冰老师认为，教师发展是学校办学质量的有效支持，校本研修是促进教师发展的基础。开展校本研修工作，要做到有制度、有安排、有主题，要努力探索与学校发展、教师成长相适应的校本研修模式。①

张丰提出，校本研修制度建设的核心目标是构建有效的学校业务工作体系，探求教师业务成长方式的转变。以此为出发点，他对校本研修制度建设做了更深刻的解读。他认为，校本研修制度的建设绝非编拟起草制度文本的过程，因为制度是在活动中生成与积淀下来的、为人们所共同接受的、为促进活动持续开展而形成的行为规程，所以制度建设的研究必须与活动策划联系在一起。另外，他还指出，教师评价制度实际上是校本研修制度建设的“瓶颈”，并且应该成为校本研修制度建设寻求突破的重要方向。②

校本研修是在学校中、为了学校、基于学校的一种教师教育的

① 沈肖冰．立足师本：让“校本研修”更接地气——农村小学“校本研修”现状剖析及改进策略［J］．小学教学研究，2015（35）：83－84.

② 张丰．校本研修的活动策划与制度建设［M］．上海：华东师范大学出版社，2007.

新方式，是以解决学校实际问题为途径，以提高教师专业化发展、促进学生全面发展及学校可持续发展为目标的行动教育范式。它不仅是一种教师教育方式，也是学校学习型组织建设及学校文化建设的一种有效途径。

目前，乡村学校构建和推广校本研修制度还处于探究摸索阶段。我们坚信，只要建立了科学合理的校本研修制度，并严格管理，校本研修活动就会在实践中不断规范、不断完善，最终结出丰硕的果实。

二、乡村学校校本研修制度的应用前景

第一，乡村学校校本研修制度给我们提供了一个新的认识视角。随着新课程改革的不断深入和校本研修活动的不断开展，新型的师生关系也逐渐出现。课堂不再是“满堂灌”“一言堂”，师生之间建立了一种平等、民主、相互促进的朋友关系。学生的个性得到了尊重，教师也采用平易近人的话语和学生交流，营造了一个和谐、平等的学习氛围。

第二，乡村学校校本研修制度为改变教师培训模式提供了较为准确的方向。校本研修制度能改变以往传统的教师培训模式，使教师不用离开自己的讲台，也无须到专门的培训机构进行研修，将教师的培训与校本研修紧密地结合起来。乡村学校的校长、教师可以去其他的校本特色基地进行浸润式的学习，在随后的校本研修活动中再结合本校的实际来研究自己教育教学中存在的问题，从而形成自己的特色。乡村学校也可以邀请著名专家学者对本校的校本研修行动进行指导，对开展校本研修的教师进行培训。这种以校本研修为核心的教师教育方式很好地促进了教师在教育观念和实际教学能力上的发展，符合新课程改革的要求。它打破了教师之间相互孤立的状态，为教师提供了通过相互学习来改进教学实践的机会，是乡村学校顺利推进新课程改革的关键。

第三，乡村学校校本研修制度明晰了学校的教学目标与教学模

式，剖析了影响新课程改革和教师专业化发展的因素，十分清楚地解释了校本研修制度在管理方法和教师研修模式上的一致性，强调了校本研修制度设计中提高教师专业水平的意义。校本研修制度的本质特征是以校为本，其主要内容包括完善教学管理制度、教研活动制度、课题管理制度、学习培养制度、教师评价制度等方面。它明确划分校本研修中的相关人员如教学校长、教导主任、教研组组长、教师、教研员等的角色定位，并以固定的条款做出刚性的要求。这样一来，学校制度会具有一定的强制执行力。无论是开展课堂改革还是教学模式变革，学校都能在制度保障的情况下进行。

第四，任何制度都是在某种价值理念指导下建立的，它一定渗透着区域的办学思想和理念，是区域所追求的内在精神在制度层面的传达和体现。乡村学校校本研修制度的推行，在整个区域里会形成一种学校之间彼此信任的文化。无论是中学还是小学，无论是名校还是普通学校，无论是谁，无论是什么身份，都能够形成合作共同体，互助、互促，共享教育资源，形成区域教育和谐的场面。在农村地区教育现代化的制度建设中形成完整的学校制度，也是在给乡村教育寻找一条出路，在给乡村学校的师生创造机遇。如此一来，乡村里同质的学校就可以在各自的文化背景、师资条件、发展目标上进行会谈和磨合，形成互促互进的合作模式，乡村学校的校本研修也会形成良性循环。

从以上方面我们可以看到，乡村学校校本研修制度发展的空间广阔，其应用前景让人无限期待。

三、乡村学校校本研修制度的常见问题与不足

乡村学校校本研修制度有两个层面的含义：一是在校本研修活动中所形成的制度是学校的一种研究制度，这也是发展校本文化的关键点；二是校本研修活动的实践是教师的一种研究方式，凡是教师在教学行为实践过程中遇到的案例和问题都可作为其研究的对象，

这是校本研修制度的研究方向。

从一开始的设想到现在的尝试，乡村学校校本研修制度已逐渐走到实践的层面，并以其规范化、制度化、体系化深受教育者的青睐。但是在发展的过程中还存在着以下的问题和不足。

（一）在提升学生的学科能力上难以凸显优势

许多教师认为，在校本研修制度的指导下，教师在学科教学方面的针对性被削弱了，导致学生在阅读、计算、表达等能力的培养上出现盲点，出现学生学科能力发展目标不明确的情况。出现这种情况的主要原因在于，用学科领域的高端理论来进行教学研究，与乡村学校实际对接时有缺口，导致顾此失彼。

（二）教师缺乏活力

乡村学校由于受地理环境和历史因素的影响，教师资源严重缺乏，教师年龄结构也逐渐出现老龄化格局，年轻教师匮乏，中坚力量不足。教师的个人成长意愿不强，在教育教学时缺乏活力。

（三）不具备真正意义上的权威性

乡村学校校本研修制度通常采取自发秩序的形式，不具备法律制度意义上的权威性。本书所讲的乡村学校校本研修制度构建是以东简中学的实践经历为例的，从学校的研修经验到形成制度文本的这一过程，实际上是一个从感性认识上升到理性认识的过程。它基于乡村学校的实际，体现了一定的校本研修规律，但还未形成系统的理论指导，单凭教师的经验和总结，难免带有随意性和主观性，不具备真正意义上的权威性。

（四）缺乏自下而上与自上而下的互动

乡村学校校本研修制度的制定缺乏自下而上与自上而下的互动。在校本研修活动中，乡村教师普遍反映自己的工作压力增大了，工作量增加了。新课程改革和校本研修活动都不足以有很大的吸引力使一位教龄长的教师放弃以往的教学模式，且周而复始的教学早已令他们失去了创新的激情。因此，教师对校本研修制度的认同度不高。这是需要学校去不断努力改善的关键。

（五）可利用的资源短缺

在乡村学校校本研修实践中，常规的教学活动中生成、总结的可利用的资源严重不足。校本研修的立足点是课堂教学，因此，大部分的校本研修活动都需要紧紧聚焦课堂教学，而教师在课堂教学中总结出来的教学经验和智慧十分有限，教学智慧难再生成。另外，学校系统的调查报告、教研论文、教学设计、教学案例、教学课例、教学经验总结、特色教育教学活动等研修资源也都非常有限。

第三章

DI-SAN ZHANG

东简中学校本研修制度的实践探索

校本研修真正给予了教师充足的自我发展空间，使教师可以用心钻研，自觉探求知识，感受自我增值的喜悦。校本研修制度使教师懂得了如何与他人共同合作，学会了如何实现自己的专业化发展，领悟到了研修的重要性。校本研修制度顺应当今教育的发展潮流，符合新课程改革的要求，依据一切从学生的实际出发的理念，真正体现了自主性与时代性。东简中学构建的乡村学校校本研修制度，旨在教书育人，努力构建校园文化新体系，积极探索以校本研修为载体、促进乡村教师专业化发展的新道路，打造学生成才的乐园，为学生的终身幸福负责。

第一节　东简中学校本研修制度的实践历程

东简中学在顺应新课程改革的基础上，充分地整合、利用学校的一切有效资源，架构校本研修平台，开发、使用培训教材等教学资源，积极探索，形成了适用于学校的校本研修制度。

一、转变观念，解放思想

2010 年 11 月，谢耀丰调任东简中学校长。之前这所学校的领导班子成员的关系不太和睦，学校管理较混乱；教师人心涣散，无心教学；学生普遍厌学，打架成风；社会人员干扰严重，师生安全得不到保障；教学质量停滞不前，学校面临着极大的困境。该如何扭转这一局面，让学校重新走上良性发展的轨道呢？其中一个关键因素就在于教师。重视教师的专业化发展是学校的一个重要任务。

东简中学新一届领导班子上任后，组织全校教师进行了一次大反思、大讨论，并在多次深入调查研究的基础上，结合学校的实际提出了“为学生终身发展、终身幸福奠基”的办学思想。这种办学

理念始终贯彻以人为本的思想，关注学生的身心健康与可持续发展，坚持做到“当学生满意的老师，教家长满意的孩子，办人民满意的学校”。经过一年多的探索与实践，虽然取得了一定的成效，但是与学校领导心中的期望还有不小的差距。经过不断反思，学校领导发现，这一办学思想是正确的，但要取得更好的效果，关键就在于“当学生满意的老师”上。在教师这方面，尽管教师之间的隔阂已消除、教师工作作风散漫的现象已消失，但教师传授知识时还普遍采用传统的模式，这无疑是在重复教学低效的老路。学校领导班子成员认为，如果不改变这种传统的授课模式，即使拥有再先进的办学思想也只能止步不前。找到问题的症结后，学校经研究决定，要进一步转变观念、解放思想，重视教师专业水平的发展，并以此作为切实推进学校素质教育、顺应课程改革、贯彻办学思想的切入点和突破口。

2012年6月，东简中学编印了有关山东省昌乐二中、杜郎口中学和湖南省许市中学等学校开展校本研修的相关资料，并组织全校教师进行深入学习，以年级组、学科组、教研组、评议组等为单位进行了多个层面的讨论，让教师谈一谈、写一写，在全校掀起了一股转变观念、解放思想、重视教师专业化发展的学习热潮。令人高兴的是，这股热潮无疑突破了一直以来以考试分数作为评价学校、教师的标准，同时瓦解了学校不开设与考试无关的科目，教师只教不研，极少关注学生成长的局面。学校还组织了一批骨干教师到相关学校进行实地的学习考察，亲身体验校本研修的成果。回到学校之后，他们都要写心得体会，并向全校教师汇报自己的考察成果。为了更深入地进行研究和探索，学校还专门邀请校本研修方面的专家来校进行指导。学校通过一系列有效的措施，使教师对校本研修有了更加深入、全面的了解。

二、实验先行，扎实推进

2012年9月，谢耀丰校长带领全体教职工，在不断收集资料、反复探究的基础上，经过多次讨论，决定开始进行构建乡村学校校本研修制度的实验，并制订了具体的推进计划。

（一）构建支撑体系

东简中学以学校的办学思想“为学生终身发展、终身幸福奠基”为基础，结合教师外出学习的实践经验和集体讨论的智慧成果，构建了由各种研修平台、教师评价新标准、以德为首的校园文化组成的研修系统。各种可利用的教学资源发挥着各自的优势，整合成具有东简中学特色的校本研修制度。

（二）构架研修平台

东简中学定期搭设研修展示平台，促进教师专业成长，不断优化师资队伍，涌现出一大批“研修之星”“最受学生欢迎的教师”“身边最美的教师”等骨干教师，为学校的教育教学实现长足发展奠定了坚实的基础。

（三）编写教师培训教材与导学案

从2013年8月开始，东简中学利用寒暑假时间，组织一批骨干教师，按照“研究研修模式—编制教材目录—编写教材初稿—教材集中修改”的程序，将各种优秀的研修模式全部编入教师培训教材并形成培训资源，为校本研修制度的推行做好了充分的准备。这本教师培训教材的价值主要体现在以下两个方面：一是注重理论与实践相结合，关注教师学习的实效性；二是注重变革与本土化相结合，关注教师的专业能力发展。此外，教材语言简洁明了，便于理解，便于检测。

学校还编制了导学案。导学案编写、印制的基本要求如下。

1. 格式要求

首先写“年级”“学科”，如下例中的“初一语文”；接着空两格写编号，编号由“学科首个拼音字母—年份—年级—导学案流水号”几个部分组成，如下例中“YW”即语文，“12”为2012年，“01”为初一年级，“000”为导学案流水号，一课时编一个流水号。

示例：

初一语文　YW—12—01—000→（为5号楷体_GB2312）

《　　　》导学案→（为3号黑体，居中）

编写人：　审核人：　编写时间：　→（为5号宋体）

班级：　组别：　姓名：　→（为5号楷体_GB2312）

（空一行）

一、学习目标→（5号黑体）

（具体内容用5号宋体，英语用Times New Roman）

二、重点难点→（5号黑体）

（具体内容用5号宋体，英语用Times New Roman）

三、学法指导→（5号黑体）

（具体内容用5号宋体，英语用Times New Roman）

四、知识链接→（5号黑体）

（具体内容用5号宋体，英语用Times New Roman）

五、学习过程→（5号黑体）

（具体内容用5号宋体，英语用Times New Roman）

六、归纳小结→（或称“课堂小结”，5号黑体）

（具体内容用5号宋体，英语用Times New Roman）

七、当堂检测→（5号黑体）

（具体内容用5号宋体，英语用Times New Roman）

八、学习反思→（5号黑体）

（具体内容用5号宋体，英语用Times New Roman）

根据实际情况可以有以下两个栏目：

九、课外拓展→（5号黑体）

（具体内容用5号宋体，英语用Times New Roman）

十、课外作业→（5号黑体）

（具体内容用5号宋体，英语用Times New Roman）

几点说明：

（1）以上前八个栏目是导学案必须有的栏目，最后两个栏目可根据需要自行设置。各学科可以在大栏目下根据学科特点设立子栏目，如政治学科在“学习过程”中可以设立“基础梳理”“核心整合”栏目。语文学科因教学内容的不同，有时也可以不设置“归纳小结”“当堂检测”栏目，可增加“延伸阅读”栏目，并设置“能力检测”栏目以巩固知识、落实能力。

（2）序号按如下格式书写：一级标题序号为汉字数字后加顿号，如“一、二、……”；二级标题序号用圆括号括上的汉字数字表示，不加其他符号，如“（一）（二）……”；三级标题序号为阿拉伯数字后加圆点，如“1. 2. ……”；四级标题序号用圆括号括上的阿拉伯数字表示，不加其他符号，如“（1）（2）……”。如果还有下级标题，可用“①②……”标明。选择题题干和选项的序号后加圆点，如“1. 2. ……”“A. B. ……”。英语学科中，一级标题用“Ⅰ. Ⅱ. ……”，二级标题为阿拉伯数字后加圆点，如“1. 2. ……”，以此类推。

（3）规格：8 开或 16 开正反面印刷。

2. 基本流程

导学案编写程序：（1）主编教师在编写导学案之前，应先在备课组中征求同科教师的意见；（2）主编教师编写导学案，形成初稿；（3）备课组全体教师讨论初稿；（4）主编教师修改，并再次在备课组内定稿；（5）教研组组长审查定稿，签字把关；（6）经分管学科的校本研修指导中心领导签字后方可印制。

所有导学案必须提前一周讨论定稿。

3. 导学案的保管

备课组组长每月 30 日前把当月定稿使用的导学案电子稿发送给教研组组长，教研组组长统一打包发送到教导处邮箱，以便统一保管，形成校本教材。

4. 导学案印制使用批条

20____—20____学年度第____学期导学案印制使用批条

年级	班级	学科	课题	编号	撰写人	教研组组长
份数	印发时间	分管领导审核意见、签名			备注	

说明：本批条为教师印制导学案的主要证明。教师须凭此批条及导学案给分管领导审核签名后方可印制。

（四）发挥主体作用，建立模式

教师是校本研修的主体，因此，教师参与校本研修的积极性与创造性决定着校本研修的质量。只有充分发挥教师的主动性、积极性，校本研修才能取得很好的效果。2013 年 10 月，东简中学抽取了不同年级、不同科目的一批教师，在谢耀丰校长的带领下，去参加进修，接受培训。同时，为了提高教师的合作意识，学校建立了“东简中学校本研修”QQ 群，为教师之间的交流搭起了一座桥梁，使教师能实时在线沟通在进修与培训过程中遇到的问题，从而发挥集体的智慧，互帮互助，共同探讨、解决相关问题。

在首批教师培训取得了学习成果的基础上，学校在 2013 年 12 月中下旬又分别提出基于学校特色的“课例研究”“微课题研究”“互联网交流”“茶馆式座谈”“‘草根’名师工作室”等校本研修模式。

在此期间，湖南省许市中学的教研室主任带领着四位教研组组长莅临东简中学，为东简中学开展的校本研修提出了很好的实施建议，并进行了深入的实践指导，使教师认识到了校本研修过程中存在的一些问题，找到了解决问题的办法，增强了进一步推进校本研修工作的信心。

（五）细化环节，总结方案

2014 年年初，东简中学制订了一个详细的调整计划，第二批教师开始参与进修与接受培训，该批教师的数目增加到几十个。同时，学校结合第一批教师进修与培训的经验、教训，研究出适用于教师研修的方案，并初步形成了乡村学校校本研修体系（如集体备课的流程，听课、评课的步骤等）与研修评价量规。

在此期间，谢耀丰校长主持了湛江市中小学“十二五”重点立项课题“学校教研制度建设和管理机制研究”、岭南师范学院粤西教师教育研究中心立项课题“农村初级中学建立校本研修制度实践研究”，重点介绍了东简中学的校本研修制度。

（六）完善模式，逐步推广

2014 年 9 月底，东简中学如火如荼地开始了构建校本研修模式的准备工作。首先，学校召开了三次动员大会。一是教师动员大会，给教师解读了校本研修模式的基本内涵与要求，并提出了几点建议。其中，特别强调的是教师的态度问题，要求教师参加校本研修时要大胆发表见解，多与同行交流感想、分享经验，杜绝出现“自我封闭”“小研修”等情况，增强合作意识，注重集体力量，讲求群体智慧。二是召开全校家长动员大会，争取家长对学校工作的理解与支持。三是学生动员大会，让学生明白教师的专业化发展与他们的成长是息息相关的，教师开展校本研修的主要目的就是为了学生的终身发展，同时也对学生提出了一些具体的要求。其次，学校开展了不同主题、不同形式的培训，针对校本研修过程中不同阶段所存在的问题开展了相关的专题培训。最后，为了保障校本研修的稳步推行，学校先后出台了一系列的制度与措施。

对于校本研修模式，学校展开探讨，并不断进行阶段性总结与反思，在总结、反思的基础上，又不断地完善校本研修模式。校本研修模式的推广是一个由点到线再到面的过程，不可能一蹴而就。

然而，在这个漫长的过程中，学校总结、提炼出了富有特色的校本研修模式，并在全体教师中推广开来。

三、全面完善，健全保障

（一）重建文化体系，提高教师的积极性

1. 加强师德建设

新课程改革要求教师拥有一种内在的精神品质，即人格品德，这意味着教师的职业道德应该被内化成人格。师德的提高可以通过师德的建设去实现。东简中学为了弘扬教师爱岗敬业的精神，加强师德建设，便评选并表彰“敬业之星”“最受欢迎园丁”“最美教师”等，为教师指引前进的方向。

2. 改变组织报酬体系

幸福是教师通向成功的第一步，而教师的幸福感与其工资水平有着密切的联系。在许多人的印象中，教师的工作稳定、工资高，一年有两次长假，是最让人羡慕的职业。教师却调侃自己道：“睡得比猫少，起得比鸡早，干得比牛多，挣得比谁都少。”不管支持哪种观点，都从侧面反映了工资水平与幸福感是有一定关联的。试想一下，如果一位教师长期处于巨大的工作压力下，会逐步产生一种低落、烦闷及倦怠的心境，在这种情况下，如果他们觉得自己的艰辛付出与取得的酬劳不相符，那么肯定会影响他们的工作积极性。东简中学制订了合理的绩效工资发放方案，最大限度地调动教师的工作积极性。学校领导改变组织报酬体系，排除一切阻力，切实体现“多劳多得，优质优酬”的分配原则，把报酬向学习型、研究型教师倾斜，杜绝以往“职称高的老教师即使干得少、干得不好，也比职称低但干得多、干得好的年轻骨干教师拿得多”的不正常现象，从而调动了年轻骨干教师的工作积极性。

3. 让全体教师都参与决策

东简中学让全体教师都参与校本研修的决策，贯彻了尊重、民主的理念，使教师感受到领导并不是校本研修的唯一决策人，自己也是其中的一分子，有权提出问题和意见，从而创造了领导与教师相互信任的气氛，使学校内舆论达成统一。学校制定各类规章制度，开展各类评先、评优活动时，都会召开全体教师会议，共同商议，共同定夺。全校教师消除隔阂，团结协作，奋发进取，形成了“人和、圆融、协作、奋进”的氛围。

4. 建立多元的评价机制

对教师评价时，东简中学落实德、能、勤、学、绩五方面评价相结合，学校评价与学生评价相结合的评价机制，打破以往“平均主义”“轮流坐庄”的旧观念，重新树立正确的价值取向。

（二）提高教师的专业能力，使其适应研修新要求

教师职业有其自身独立的特征，教师不仅是知识的传递者，而且是学生的引导者、启迪者。教师专业化既是一种职业资格的认可，更是需要不断学习、不断追求的目标，是教育发展的历史要求和重要趋势。

1. 吸收各种专业知识

校本研修要求教师不断地吸收各种专业知识，提高自己的知识水平。首先，要具备一定的教育教学知识，如科学文化知识、学科专业知识、教育专业知识等，只有把这些知识都掌握了，才能把知识很灵活地传授给学生，才能引导学生在知识的海洋中遨游，才能真正地发挥教书育人的作用。其次，要具有通用的能力，即一般情境下教师解决问题所必须具有的能力，包括协调人际关系与沟通表达的能力、思维创新的能力、发现问题的能力等。

2. 反思自身

德国诗人海涅曾说：“反省是一面镜子，它能将我们的错误清清

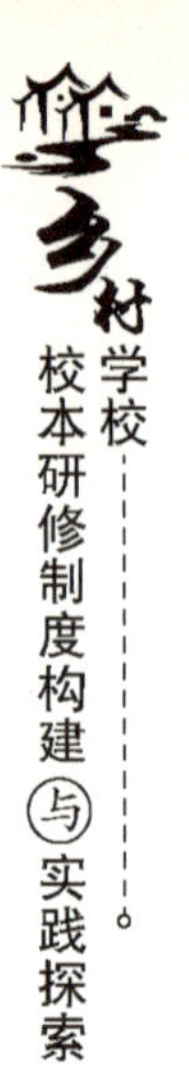

楚楚地照出来，使我们有改正的机会。”的确，学会反思是一种智慧，是一种理性的表现。在反思中，我们可以不断地吸取教训，不断地纠正错误，不断地完善自己。教师就更应该懂得反思，以促进自身的专业化发展。教师要经常反思：我的教学活动中存在哪些问题？出现这些问题的原因是什么？该如何解决这些问题？等等。教师要敢于怀疑自己，不断反思自己，实现自我突破，使自己的专业水平得到进一步的发展与提高，进而朝着更高的水平迈进。

3. 增强与他人合作的意识

当代校本研修与传统校本研修相比，其进步之处就在于它是一种集体的合作性研究。以集体备课为例，教师在集体讨论之时各抒己见，取长补短，在此基础上就能很有效率地形成一份比较优秀的教案。在讨论的过程中，教师还可以不断吸取其他教师的先进观念及理论知识，进而提高自己的专业水平。而且，对于年轻教师而言，由于经验不足，在校本研修时孤军奋战肯定是不可取的，如果能得到有经验的教师的帮助，就可以少走许多弯路。这就是合作的魅力——既能提高教师的专业水平，又能促进学校和谐的研修氛围的形成。另外，值得注意的是，教师之间的合作是可以超越年级和学科的。

（三）安排合理，确保研修的进度

1. 紧跟进度，各司其职

东简中学的校长、行政领导率先垂范，分别就各自管理的内容，给全体教师做精彩的专题讲座，解读研修理念，明确研修方向，为教师开展校本研修树立榜样，起到了很好的动员和带头作用。学校要求全体教研组组长每人至少读一本有关校本研修的著作，之后提交心得体会，并轮流为教师做有关校本研修的专题讲座。同时，组建校本研修论坛，鼓励教师勇于提出疑问，坦诚交流校本研修的利弊，积极分享自己在此过程中的成功经验，解决教师在研修过程中遇到的共同问题，有力地扫除了教师对校本研修的心理障碍。有经验的教师要承担起指导新教师的责任，以老带新，新老磨合，达到锻炼老教师、培养新教师、让新教师迅速地融入校本研修中的目的。总之，参与校本研修的人员只有各司其职、各尽其责，才能事半功倍，校本研修的道路才会越走越顺畅。

2. 时间安排恰当，确保充裕性

鲁迅说过："生命是以时间为单位的，浪费别人的时间等于谋财害命；浪费自己的时间，等于慢性自杀。"这句话明确地道出了珍惜时间的重要性。因此，学校领导班子必须做出合理的安排，以保证教师有充足的时间进行校本研修。据调查，不少学校的校本研修是在寒暑假进行的，而且校本研修的准备活动常常需要占用教师的工作时间，导致不少教师对于以牺牲个人时间和影响个人生活质量为代价而参加校本研修表现出不满和埋怨，产生消极的情绪，做出一些抵触行为，进而影响校本研修的效果和进度。那么如何把有限的时间利用得更有效率呢？首先，学校要尽可能地科学合理安排研修时间，避免教师的个人活动时间与学校的校本研修时间相冲突，尽可能使每个教师都能参加每一次研修活动。其次，学校必须安排正式的、工作时间内的研修时间，杜绝剥夺教师的个人时间的现象，也不应期望教师自己寻找额外的时间进行研修。

（四）健全相关制度，保证研修的质量

1. 建立三级校本研修体系

三级校本研修体系包括学校层面的研修、学科层面的教研、备课组层面的教研。第一，学校层面的研修，属于一级研修。由校长牵头，分管副校长协助，校本研修指导中心具体负责组织实施，教研组组长积极配合，全体或绝大部分教师认真参与，以解决学校教育教学中的重大问题为主要目的，形成学校独有的特色。第二，学科层面的教研，属于二级研修。在校本研修指导中心的管理和指导

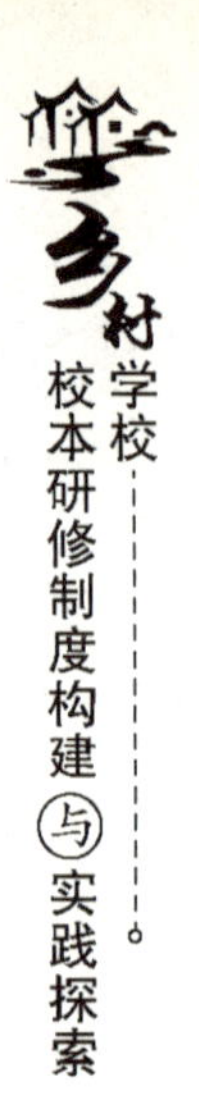

下，由各学科教研组组长牵头，全体学科教师共同参与，以解决学科教学中存在的共性问题为主要目的，突出学科特色，建设示范教研组。第三，备课组层面的教研，属于三级研修。由学科备课组组长牵头，备课组全体教师参与，以解决同一备课组教师教学中的共性问题为主要目的，提高有效课题产生的可能性。

2. 加强领导责任制

校园文化实际上就是学校领导班子办学理念的集中体现，是他们治校经验的辛勤积累。从某种程度上说，有什么样的领导班子，就有什么样的校园文化。领导的主要作用就是指挥、带领、引导下属为实现目标而努力行动。因此，学校必须明确领导在校本研修活动中的角色，从上至下高度重视校本研修工作。东简中学由一众领导班子成员带头，设立专门的校本研修管理机构，并配套制订规范的业务研修、学习制度，把校本研修情况与年度考核、评优、评先和评职称挂钩，为校本研修的有序开展提供了强有力的组织保障和制度保障，并在全校范围内创设了共同学习、研究的良好研修氛围。同时，领导班子成员每月至少要召开校本研修研讨会议一次，每周要到班级听课一节，每月、每学期要在学校校本研修小结会上汇报相关情况。

3. 建立校本研修中心

东简中学挑选业务骨干力量，成立了校本研修指导中心。校本研修指导中心全面负责学校的校本研修工作，结合学校的实际情况进一步完善各种校本研修制度，落实每次研修的时间、地点、人员、内容，结合教导处记录的教师校本研修的出勤、考核等情况，促使校本研修走上规范化、制度化轨道。同时，学校加强校本研修中心领导管理责任制，强化对研修工作的管理和落实。比如，学校的吴强主任重点抓课堂流程的管理和研究，特别是大展示环节的深度展示问题；邓小忠副主任重点抓导学案的编写、使用的管理和研究；

叶国燕副主任重点抓教学反馈的管理和研究，特别是落实作业、抽测、单元检测的科学性、合理性、及时性、有效性；王志海主任重点抓教学反思的管理和研究，督促教师坚持每周撰写一篇教学反思，每学期撰写一份研修心得总结；叶秉泽副主任重点抓小组建设与评价的管理和研究，特别是抓各班每周“研修之星”和校级学期“研修之星”的评选工作；叶潇副书记重点抓小组建设与学生培训的管理和研究。要求领导班子成员制订方案、创新工作、抓出成效，既要独当一面，又要协同合作，每学期还要对自己重点抓的工作进行述职，并写出书面总结。

4. 建立校本研修的考核评价制度

为了使校本研修制度向纵深推进，建立相应的评价体系是必不可少的环节，因为科学的考核评价对教师的观念和行为具有最为直接的导向和激励作用。值得注意的是，教师的综合素质和专业化发展是学校校本研修制度构建和推进的关键，故教师的专业化发展无疑成了学校研修评价体系的重要组成部分。为此，东简中学建立了如下评价制度。

（1）教师校本研修考核制度

第一，每个月对教师的研修积极性考核一次，考核的结果纳入教师绩效工资的计算之中；每学期在月考核的基础上进行一次综合考核，并设立优、良、差三个等级，考核的结果纳入教师年度考核中。第二，将教师研修培训的相关成绩纳入年度的评优考核中，外出学习研修的机会应考虑给予研修积极分子，以此激发教师的研修热情。第三，把教师参加校本研修的时间进行累计，以此作为评价教师研修工作的重要指标。

（2）校本研修评选制度

根据学校的实际情况，参考市、区教育部门的相关文件，开展“示范教研组”“优秀研修组”评选活动。

总之，东简中学建立了德、能、勤、学、绩五方面相结合的奖

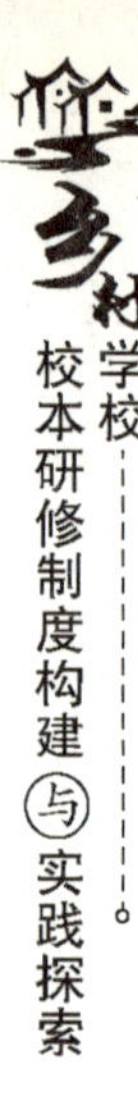

励机制，探索由学校评价与学生评价相结合的评价机制，把评价考核结果与绩效、评先、评优挂钩。同时学校特别注意，对教师的评价不以成绩论英雄，不拘泥于甄别和选拔，而是更多地去关注教师的成长与发展。

5. 完善校本研修的激励机制

制度制定要体现激励性。“水不激不跃，人不激不奋”，没有激励就不能鼓舞士气，就不能激发教师对校本研修的热情。学校的各项研修工作、任务，都要靠教师来具体落实，教师是决定研修成果、管理绩效最关键的因素，也是研修过程中最重要的参与者。所以，在校本研修中必须引入激励机制，以充分调动团队中每个人的工作积极性。为消除教师间的不正当竞争，东简中学把各种激励方式有机地结合在一起，把对教师的短期激励和长期激励结合起来，以便强化激励手段对教师成长的正面效应。学校一向重视教师队伍建设，始终把教师队伍建设放在学校工作的重要位置。那么，如何营造有利于教师工作、研修的氛围呢？东简中学的具体做法有以下几点。

（1）目标激励

结合学校的发展规划和研修规划，学校制订了教师个人的研修发展目标，用目标引导、激励教师的校本研修行为。

（2）管理激励

学校设计了《教师个人业务发展档案》，每个学期对教师个人在教学、德育、教科研方面的成绩进行记录与考核，并将考核结果与目标结合考虑，有效地推动了校本研修工作的顺利开展。

（3）引领激励

学校树立研修典型人物，发挥榜样的作用，引领教师选择课题，制订研修计划，发挥引领、激励作用。

（4）团队激励

学校制订了《示范教研组评比条例》，促使以教研组、备课组为主体的学习型团队，以校本研修为共同发展的抓手，将实践反思、行为跟进作为团队的共同奋斗目标，实现思想连接、资源共享、团结一心、集体攻坚。

（5）竞争激励

学校所有课题均采用招标方式确定最后研究人员，定期评比校本研修成果，把教师研修绩效与各种评先、评优挂靠在一起，鼓励教研组、备课组、年级组、教师之间开展竞争，在竞争中谋突破，在竞争中彰显教师的业务素质与研修能力，彰显教师的知识与才华。

（五）建立长效的校本学习制度

建立长效的校本学习制度，包括学校领导引领教研制度、行政领导学习制度、教师校本培训制度、教研组集体备课制度、班主任例会制度等。校本研修是一种理论指导下的实践性研究，没有理论指导的研究是空洞的，是没有实际意义的，这就要求教师必须通过不断学习掌握现代教育理论。为此，建立长效的校本学习制度至关重要。东简中学首先建立了学校领导引领教研制度，由谢耀丰校长牵头，多次在全体教师会议上举行专题讲座，发动全体教师参与校本研修。其次是在全体行政领导大会上确立了行政领导学习制度，并利用每周一次的学校行政工作会议的契机，在研究布置工作任务之前，组织全体行政领导集中学习。学习内容涉及教育理论、管理知识、法律法规、案例分析等。全体行政领导通过学习反思自己的工作，撰写心得体会，从而不断提高自己的管理水平。再次，学校建立了教师校本培训制度，结合教师继续教育，学生每次月考后都组织一次以级组为单位的校本研讨，重点是教学研讨；每学期举行三次德育工作研讨。学校还建立了教研组集体备课制度、班主任例会制度，确保每周集体备课和班主任研修的时间，使教师的学习和研修落到实处。全校上下共同研究新课程理念、新中考方案、新形势下的德育管理方式，采用理论学习与实践反思相结合、个人反思与同伴互助相结合的方法，不断地提高教师的教育教学水平。

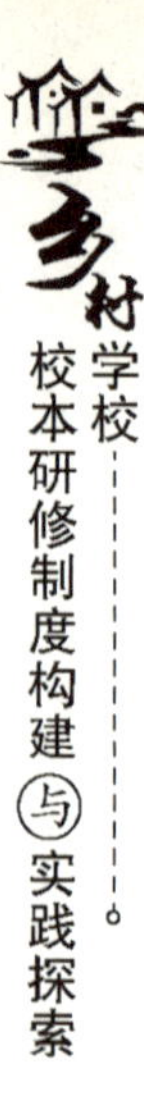

（六）加强经费保障，为研修保驾护航

首先，学校为切实保障校本研修的持续开展，鼓励全体教师积极参与，规定教师的绩效工资与他们的校本研修工作挂钩。其次，加大资金投入，争取让更多的教师外出学习，争取邀请更多专家来校举办专题讲座。最后，充分利用市、县（区）、校为校本研修提供的人力、物力、财力等方面的资源，使得校本研修顺利开展，使校本研修的质量不断提高。

四、专业引领，积极推进

东简中学的校本研修工作引起了教育界的广泛关注。从 2013 年 11 月下旬开始，教育部、省教育厅、市教育局等各级教育行政部门的多位领导、专家到学校调研，真诚地给予教师理论上的指导，解决了教师校本研修过程中产生的困惑。他们通过听课、评课等形式和教师面对面交流，对学校的导学案、研修培训教材等进行了具体的指导，并对校本研修的后续工作指出了明确的研究方向，对可能遇到的问题提出了具体的对策。

（一）专业引领的价值

作为一所乡村学校，与城市学校相比，东简中学的劣势是一部分教师责任心不强、教学热情低落，教师整体水平不高。很多年纪稍大的教师的第一学历是高中、中师（专），绝大多数年轻教师的第一学历是大专，本科毕业生一个都没有。受到地方政策制约，学校近三年都没能引进一名高学历的应届毕业生。可以说，现有师资中，没有一个是科班出身的。受专业水平的限制，研修能力出类拔萃的教师极其缺乏，进而影响了校本研修的推进。为此，学校要根据知识社会对教师专业化的需求，针对教师的实际情况对他们进行系列的培训，通过外界的帮助及教师自身的努力，使得教师的职业道德水平和能力发展水平达到社会所需的程度。

那么，要提高教师的专业水平应该怎么做呢？在学校内，教师可以进行研讨，擦出思想的火花。面对别人成功的经验，坚持以校情为本，以学生为本，先由学校领导、骨干教师通过讲座的形式，把自己的思考和理念，结合学校的实际，向全校教师宣扬；再以教研组为单位，组织教师进行广泛、深入的理论探讨，撰写心得体会；最后推选骨干教师进行教学实践，全体教师再反思，再实践。但是，要使教师的专业水平大幅度提高，仅仅依靠学校内的资源是不行的，还必须得依靠校外更优秀的资源，如邀请研修专家、教研员、学科带头人等对学校教师在研修理念、研修方法及研修内容方面进行专业引领。

校本研修是一种需要在理论指导下进行的实践性研究，没有理论的指导，校本研修活动是很难进行的。在这种情况下就需要一盏明灯指引前进方向，为校本研修保驾护航。而专家就是这盏引路明灯，因为他们有系统的教育理论知识、开阔的视野、丰富的实践经验。专家引领的实质就是对教师进行指导，包括对教师的理论水平、教育实践能力、教学困惑等的指导。因此，学校应尽量为教师提供“请进来、走出去”的机会，为教师的专业提升提供一个平台。

（二）专业引领的实施

1.“请进来”，专家引领

近几年来，东简中学多次邀请专家来校指导校本研修工作。

2013 年暑假，学校邀请了湖南省许市中学教研室主任何军进行研修工作指导。他在两天的培训时间里给教师做了“许市中学‘五环渐进式’课堂教学模式解读”“班级文化以及小组建设”“导学案编写”等讲座。此次培训，使教师的观念得到了改变，为校本研修指明了方向。

2014 年 4 月 5 日至 6 日，为了诊断学校的研修模式中存在的问

题，学校又邀请何军主任及其所在学校的四位教研组组长进行工作指导。通过这次校本研修模式诊断活动，学校认识到了自身模式中存在的问题，找到了解决问题的办法，同时看到了自己取得的成绩，增强了推进校本研修的信心。

2014年暑假，学校再次邀请许市中学的夏忠育校长、李大航副校长、何军主任，以及王竞等三位教研组组长进行研修培训工作指导。同年，湛江市初中课程改革研讨活动在学校召开，活动期间，“预习交流—展示提升—梳理巩固—达标检测”的“四环自主学习模式”获得了各兄弟学校的认可和推崇。

2014年10月，学校开展了首届课程改革课比赛活动，再次邀请许市中学的李大航副校长担任评委进行评课。李副校长精彩到位的点评让教师们受益匪浅、启发良多。

2015年，学校邀请教育专家王福前来做“优秀教育案例”讲座；邀请东海书院院长江海燕指导“同课异构”教研活动；邀请广东省名师工作室主持人、岭南师范学院附属中学副校长梁哲及特级教师罗靖做校本研修工作指导。

在校本研修中，专业研究人员的参与是实现教师专业化发展的关键所在。他们的优势在于具有系统的教育理论知识和丰富的专业素养，能让一线教师接受理性的洗礼和智慧的挑战，为校本研修在既定的理论高度上得以实现提供保障。

2.“走出去”，借鉴经验

“它山之石，可以攻玉。”为了取得校本研修“真经”，东简中学先后组织骨干教师、班主任前往课程改革名校山东省杜郎口中学、湖北省北门中学、湖南省许市中学、广东省三灶中学等学校参观学习。其中，派往许市中学观摩学习的骨干教师总共有三批，总人数达51人之多。通过外出参观学习，学校的教师开阔了视野，增长了见识，改变了观念，增强了信心。

五、校际交流，共同发展

随着学校校本研修制度的不断深入、校本研修模式的不断完善，省内外众多兄弟学校纷纷来到东简中学，深入课堂，观摩教学，探讨校本研修过程中遇到的实际问题。同时，外出讲学的教师一方面传播学校校本研修的理念，另一方面不断学习、吸取其他学校的先进经验。要知道，限定区域内的校本研修会造成故步自封的局面，是不利于学校和教师的发展的。所以，校际的交流与合作是促进校本研修的重要途径之一，能够使得兄弟学校共同成长。

（一）与湛江市第二十二中学到海安高级中学交流“创强”工作

2014 年 8 月，谢耀丰校长带领东简中学“创强小组”20 多人，湛江市第二十二中学的谢延明校长带领该校“创强小组”7 人，到江苏省海安高级中学交流“创强”工作。在海安高级中学邓校长的带领下，一行人先后参观了该校的文化长廊、会议室、教室、功能室、藏书室、操场以及校容校貌、“穿衣戴帽”工程等，还具体了解了该校在“创强”工作中的具体做法和措施。东简中学“创强小组”以学习为目的，看得仔细，听得认真，记录得详细，为今后营造浓郁的校园文化氛围打下了坚实的基础。

（二）赴江门市实验中学交流学习

为切实推进“觉师”培训，拓宽德育新思路，增强德育实效性，并提高中考备考质量，2016 年 5 月，东简中学组织了一批行政领导、班主任及骨干教师共 20 余人赴广东省江门市实验中学进行交流学习，交流学习内容是德育工作与毕业班中考备考。本次交流学习活动分成上午、下午两场：上午场主要是德育工作交流，由江门市实验中学的李老师做“家校合作，开辟班级文化建设新天地”的专题报告；下午场主要是毕业班中考备考交流。值得一提的是，广东省顺德大良实验中学也有一批骨干教师到江门市实验中学来一起探讨

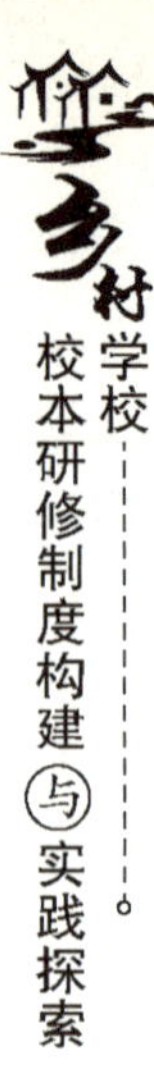

中考备考经验。江门市实验中学为我们两批客人精心准备了毕业班语文、物理、英语、数学、政治五个学科的高效复习课。课后，大家分科组进行备考经验交流。交流结束后，谢耀丰校长代表学校向江门市实验中学表达了深深的谢意。

（三）东海书院院长江海燕莅临学校做专题培训讲座

2017 年 4 月，东海书院院长江海燕莅临学校，给全体教师做了主题为“从唤醒到践行——觉民教育的成型之路”的培训讲座。江院长围绕这一主题，高屋建瓴，旁征博引，具体而生动地阐述了何为“觉”、为何“觉”、何以“觉”、“觉”什么、如何“觉”五大内容。

这次精彩的讲座，不但使学校全体教师深入理解了觉民教育的深刻内涵及具体意义，为学校进一步推进觉民教育指明了方向，更为学校进一步落实觉民教育理念，全力打造高效课堂注入了坚定的信心。

（四）梁哲工作室全体学员到学校跟岗学习

2012 年 11 月，梁哲工作室全体学员在梁哲老师的带领下，来到东简中学跟岗学习，受到了谢耀丰校长等人的热烈欢迎。他们这次跟岗学习的任务是观课交流。学校的吴丽菊老师采用导学案的教学方式教授“美国南北战争”。课堂上，吴老师让学生自己提出问题并解答。当学生遇到障碍时，吴老师适时点拨，引导学生深入分析，培养了学生的思维能力、表达能力，师生互动积极，气氛相当好。

课后，梁哲老师对这节课进行了独到、精彩的点评。他认为亮点有三：第一，落实了教育部提倡的“先学后教，以学定教”，体现了以教师为主导、以学生为主体的“双主”理念，达到了和谐有机的统一。第二，问题由学生提出、由学生解决，活动由学生组织，体现了“生本”理念，以学生的发展为本。第三，体现了新课程的“三性”原则，即基础性、选择性、生活性。同时，梁哲老师还特别强调：理念的更新是最重要的，不在乎学校的教学条件，有没有多媒体也不重要。梁哲老师发言之后，各跟岗学员先后发言，都对吴老师的课发表了自己的看法，提出了一些合理性意见。

（五）许市中学来学校学习交流

2014年暑假，东简中学与许市中学举行了“同课多人循环”活动，即共同备课，先由东简中学的教师上课，许市中学的教师听课；接着双方议课，许市中学的教师提出改进意见；再由许市中学的教师上课，东简中学的教师听课；接着双方进行议课，商讨出最优改进方案；最后由东简中学的教师根据最优改进方案上课。通过活动，两校教师均进一步加强了对课堂模式的认识与把握，取得了良好的效果。

（六）与湛江一中培才学校共同开展课程改革交流教研活动

为了进一步改进教学模式，东简中学与湛江一中培才学校共同开展了课程改革交流教研活动。通过听课、议课，湛江一中培才中学探索的“271高效课堂模式”与东简中学探索的“四环自主开放式课堂模式”产生了思想的碰撞。通过课堂实践、技艺切磋，教师对课程改革理念的理解达到了新的高度，对“四环自主开放式课堂模式”的改进方向也更加明确了。

六、制度形成，效果评价

（一）建立健全相关制度

校本研修要扎实、高效地推进，制度建设是关键。根据需要，东简中学先后制订了一系列有针对性的制度、措施，如学校领导引领教研制度、行政领导学习制度、教师校本培训制度、教研组集体备课制度、班主任例会制度、骨干教师奖励制度、青年教师培养方案、学习型教师活动实施方案、“草根”名师工作室实施方案等，确保了校本研修工作的顺利进行。

（二）学校取得的成效

东简中学成为湛江市名牌高中学校的优质生源基地，先后荣获

“全国读书育人特色学校”“湛江市一级学校”“湛江市文明单位”“湛江市管理先进单位”“湛江市‘双优’学校”“湛江市职工职业道德建设先进单位”“湛江市九年义务制教育规范性学校”“湛江市德育示范性学校”“湛江市创建‘平安校园’先进单位”“湛江市中考先进单位”等荣誉。学校以良好的校风、浓郁的学风、优质的教学质量得到了学生和家长的信任以及社会的广泛赞誉。

1. 学生方面的成效

第一，学生的学习兴趣、学习信心增强了，综合素质提高了。学生变得敢提问题、会提问题并能主动回答问题，自学能力、探究能力、口头表达能力、自主管理能力及合作能力都有所提高。

第二，学生的学业成绩进步了。在校本研修风气下，学校的学风、班风都有了明显的进步，“学困生”的成绩得到了提高，大部分科目处于低分段的学生人数也不断减少。这主要是因为现在的课堂中，教师采取的是一种以人为本、关注生命的教育方式，学生在课内外普遍得到教师的关注，“学困生”获得了更多的表现机会，体会到了学习的成功感和教师的关爱，对学习有了信心和兴趣。

2. 教师方面的成效

教师方面的成效主要体现为教师成长加速，更多地感受到职业带来的幸福。青年教师迅速成长，教学理念不断更新，专业素养不断提升，造就了一批骨干教师、课程改革名师。他们先后在兄弟学校做专题讲座、上示范课等十多场，受到了同行的高度评价，获得了一定的成就感、幸福感。

（1）市级骨干教师（2011—2013 年）

语文：叶国燕（2011 年）、王志海（2012 年）、吴小宁（2013 年）

数学：陈美清（2011 年）、吴习浪（2013 年）

物理：庄中木（2011 年）

英语：叶秉泽（2011 年）、李文恩（2012 年）

历史：吴丽菊（2011 年）

（2）区级学习型科组及教师

科组：政史地组

教师：叶潇（语文）、陈文祝（英语）、余娇艳（数学）

（3）论文获奖情况

① 区级

一等奖：庄中木《构建有效课堂，提高学习效率》、吴小宁《提高初中生写作能力的有效策略》、陈美清《浅谈初中数学探究性问题的设计》。

二等奖：王志海《如何理解文章重点句子的含义和作用》、吴丽菊《谈历史教育中如何激发兴趣，提高课堂效益》、林丽权《初中数学有效课堂中小组合作学习的探讨》、吴木营《浅谈如何在生物教学中实施探讨性学习》。

② 校级

一等奖：吴国全《小杨回来了》、叶秉泽《如何对待中学生的早恋》。

二等奖：叶国兴《体验辛苦，感恩父母》、吴成仲《老师的评语》、叶皆盛《教育并不是任何强加的过程，而应使学生真心接受》、叶劲轴《班长辍学风波》、王志海《心平气和，善于引导》、邓小忠《“学会尊重”——“学困生”转变的金钥匙》、余娇霜《为“学困生”撑起一片蓝天》。

（4）相关研究成果

谢耀丰：《浅谈实施物理探究式教学的注意点》，发表于《湛江教育》2011 年第 4 期。

吴强：《突出学生主体地位，提高政治课的教学实效》，发表于《湛江教育》2006 年第 9 期。

邓小忠：《数学课堂的提问》，发表于《广东教育（综合版）》2006 年第 12 期。

叶国燕：《班主任如何激励学生刻苦学习》，发表于《湛江教育》

2005 年第 4 期。

3. 课堂方面的成效

首先，课堂生动活泼了。课堂改革后收到的三大效果是学生动、课堂活、效果好。学生动——上课没有学生睡觉了，开小差的学生少了，大部分学生都能积极参与学习活动；课堂活——课堂时间主要是让学生开展学习活动，形式丰富的活动让课堂异彩纷呈、亮点迭出；效果好——学生与学生之间的交流频繁了，学生的综合能力提高了，学习成绩也有不同程度的提高。

其次，师生关系和谐了。由于采取了小组合作学习模式，教学民主了，师生平等了，师生之间、生生之间合作与交流的机会多了，频率高了，因此，师生、生生之间的关系比过去更加密切、和谐了。

4. 中考方面的成效

2011 年中考，东简中学总分取得 800 分以上的学生有 24 人，取得 700 分以上的学生有 102 人，亮点纷呈，其中有四点尤为突出：一是高分段学生人数在区同类学校中最多，其中梁晓营等 7 名学生考上了湛江第一中学，余斐等 17 名学生考上了湛江第二中学，李广春等 101 名学生考上了湛江经济技术开发区第一中学；二是低分段（500 分以下）的学生比 2010 年的人数大大减少；三是平均分为 549 分，比 2010 年提高了 36 分，居区同类学校前列；四是为高中输送生源的任务取得了重大突破，完成招生任务的 92%，比 2010 年的 70%增加了 22 个百分点，为湛江经济技术开发区第一中学输送的高分段生源人数最多。

2012 年中考主要亮点有三：一是报考率高，有 439 名学生参加中考，比 2011 年增加了 98 人，报考率达 98%；二是考上重点中学的学生人数创新高，其中考上湛江第一中学的有 14 人，考上湛江第二中学的有 24 人，考上岭南师范学院附属中学的有 11 人，考上湛江经济技术开发区第一中学的有 70 人；三是高分段学生人数多，总分取得 800 分以上的有 37 人，取得 750 分以上的有 61 人。

2013 年，中考成绩取得了历史性突破，主要亮点有三：一是考上重点中学的学生人数在区公办学校中排名第一，其中考上湛江第一中学、湛江第二中学的有 31 人，考上岭南师范学院附属中学的有 8 人，考上湛江经济技术开发区第一中学的有 90 人；二是高分段学生人数多，总分取得 800 分以上的有 12 人，取得 750 分以上的有 50 人，其中吴舒洁同学以总分 858 分的好成绩名列经济技术开发区总分第一名，被广东实验中学录取；三是总平均分提升幅度居经济技术开发区前列，总平均分为 542 分，比全区总平均分高出 46 分。2013 年，学校被评为“湛江市中考先进单位”。

第二节　东简中学校本研修制度下的研修模式

东简中学开展校本研修模式的研究主要基于以下三点。

其一，基于新课程改革的客观要求。时下，全国新课程改革正开展得如火如荼，建立与之相适应的校本研修模式是理所当然的事。但是，部分乡村学校的校本研修模式仍不完善，未能真正发挥基础性、导向性的作用。其中，“重教轻研”或“只教不研”是许多乡村学校校本研修中存在的弊端。所以，随着新课程改革的不断深化，传统的校本研修模式已不适应新形势的需要，创新校本研修模式是进一步推进新课程改革的客观要求。

其二，基于教师专业化发展的客观要求。教师专业化发展是基础教育发展永恒的主题。教师作为课堂教学改革的主力军，其专业化发展是决定课堂教学改革成败的关键因素。而校本研修是促进教师专业成长的根本途径。教师能否转变陈旧观念、重新定位教育价值、倡导终身学习、不断完善自我、提高自身综合素质、以崭新的

姿态投入课堂教学改革中去，关乎新时期课堂教学改革的成败。而在现实中，受传统观念的束缚与教师自身惰性的不良影响，要提高教师的专业素养，单靠教师个人的自觉行为是无法实现的，必须依靠校本研修。

其三，基于乡村学校的特殊性。东简中学曾对学校校情做过一个诊断报告，结果显示学校存在着如下一些问题：

一是部分教师责任心不强，教学热情低落。

二是校园文化落后，包括物质文化与精神文化两方面，集中体现在人的观念，尤其是人生价值观上。

三是办学设施落后，教学配套设备极不齐全。

经济技术开发区是湛江市开展校本研修的试点区，东简中学本身承担着校本研修的研究和实践任务，课题研究与试点工作相辅相成、相得益彰。在这样的背景下，学校应该如何为学生提供优质的教育资源，营造良好的教育环境呢？应该如何贯彻“为学生终身发展、终身幸福奠基”的办学理念，如何遵循“德育立校、质量强校、科研兴校”的办学思路，从而形成“崇德、和谐、求真、创新”的校风、“敬业、博学、精研、善导”的教风、“勤思、敏学、自主、共进”的学风，为社会培养大量的优秀人才，为教育事业做出应有的贡献呢？变革，唯有不断地变革。怎么变？借助学校管理、课堂改革的“双杠杆”，提供校本研修平台，调动教师的主观能动性，提升教师的道德水平，激发教师的工作热情，促进教师的专业成长，从而达到提升学校办学水平、实现学校办学理念的终极目标。

以下是学校校本研修制度下的几大研修模式。

一、“课例研讨”校本研修模式

（一）课例研讨的内涵

1. 概念

课例研讨是指首先由学校或教研组对教育现象进行有计划的、

严谨的和系统的了解，并对收集到的大量信息进行分析、归纳和梳理，得出目前迫切要解决的、具有典型性的课例主题；然后，有秩序地组织教师围绕课例进行全校性的研讨活动，整体推进，分步实施。课例研讨就是对一堂课，包括课前、课中、课后的所有教学行为的教学研究，可以是研究人员之间的交流，可以是教师之间的讨论，也可以是师生之间的对话。这是有效提高课堂教学质量的一种重要手段。

2. 特征

（1）明确性

课例研讨无论是研究方向和目标，还是研究方法和手段都十分明确，无一丝模糊不清之处。学校与教研组明确具体的任务，教师明确自己的职责，共同朝着清晰明确的方向努力，并全力达成研修目标。

（2）情境性

课例研讨是围绕着真实的教学情境而展开的，与课堂教学是融为一体、配合自然的。教师只有在有情境的教学过程中，才能发现问题。脱离了情境的研讨就像鱼没有了水一般，不知朝向何处去，不知从何处下手。

（3）合作性

“一个篱笆三个桩，一个好汉三个帮。”合作性是绝大多数研修模式普遍存在的特点，课例研讨也不例外。所谓“研讨”，就是学校之间、教研人员之间、教师之间根据问题进行探讨。另外，学校还要与社会、家庭等形成合力，充分整合教育资源，从而形成一个课例研究共同体。

（二）课例研讨的研修策略

没有切实可行的研修策略，就不可能保证研修的效果。“课例研讨”校本研修模式的推进措施很讲究因势利导，要根据学校的具体

情况来制订。东简中学的做法有以下几点。

1. 加强培训，以提高教师的专业水平

随着知识型社会理念的不断深入和基础教育课程改革对教师培养的要求，加强对教师的培训成了中小学教师专业成长的关键，能为提高常态课堂教学质量储备力量。为了做到理论与实践相统一，学校的培训内容包括理论和实践两部分。

（1）理论部分

首先，学校定期开展“我研修，我快乐”的主题活动，引领教师以积极向上的精神、乐观豁达的心态追求教学上的成功，做到快乐地研修、生活，从而实现精彩人生。其次，学校经常组织教师外出学习，使他们了解最前沿的教育信息，领悟最先进的教学理念，并通过学习交流，取其精华，去其糟粕，经历一次次洗礼和积淀。最后，举行全校集中培训，对“怎样做课例研修”进行一次综合梳理，让每位教师都了解进行课例研讨所应具备的理论知识。

（2）实践部分

学校培训的基本形式包括课堂教学观摩、研讨、交流及评析等。另外，学校还围绕“课例研讨的具体操作”开展了系列培训，让全体教师明确这种研修模式的意义、目的、方法、步骤和操作要领。

2. 倡导课例研讨，实现分类推进

课例研讨中的“课例”是一个需要学校长期关注的问题。如果每位教师都有属于自己的研修主题，就可以避免出现课例重复、研修混乱的局面。为了便于管理，学校又在研修主题下设计了若干个专题，使校本研修模式更具层次性和可操作性。

“课例研讨”校本研修模式虽然方向明确，可操作性强，但也存在不少问题，如每位教师都存在个体差异，都有自己擅长的部分，但是学校对此没有予以深入考虑，导致部分教师的积极性不高。于是，学校领导采用问卷调查、召开座谈会等多种民主方式在教师中收集了30多种不同层面的教学问题，再通过整理，归纳出影响教学的20多个因素，然后以民主选择的原则，将研修主题按不同学科、不同年级组分配下去，形成了人人有合适课例的研修局面。这样做既增强了校本研修的主题性，也有利于校本研修的进一步推进。

3. 加强考核评估，以确保研讨质量

学校的教研组对基层课例研讨组的每位成员的研讨情况进行了严格考评，并将考核标准进行细化，做到了考评有根据。每周对教师的观课笔记和反思记录做一次检查考核，每月要求教师展示一次课例成果，并收集部分教师的优秀课例。同时，结合各位教师的考勤情况评估平时成绩。

（三）课例研讨的研修实践

1. 具体操作

（1）确定研究的主题

“课例研讨”校本研修模式最基础的部分就是主题，所以第一步就是要确定研讨主题。教师要从充满疑问的、相互矛盾的、难以解决的教学实践中发现教学问题，并适时提炼出研讨主题。

（2）形成初步的方案

研讨主题确定之后，还要选择一个具体的教学课题并确定一名授课教师，备课组的成员们围绕着主题一起查阅相关文献资料，共同设计出一份较完美的研究方案。这个过程是行动与思考相结合的过程，也是该模式中重要的环节之一。

（3）进行教学实施与观察

授课教师第一次上课时，全体备课组成员必须全程参与并填写好课堂观察量表。同时，派一两位成员拍摄课堂教学录像，以便进一步分析。最后，由组长整理好课堂实录。

（4）对教学行为进行反思

课堂一结束，组长马上组织成员开一次小小的反思会议。先由

授课教师对自己的教学行为进行深入的反思，然后其他成员在愉悦的氛围中对本节课进行评议，重点是找出问题并探讨出解决问题的方法，总结经验并进行理论提升，不断发现新的问题。最后，由组长整理议课实录。

（5）检验效果，再次施教

授课教师再次施教，目的是检验大家所提出的解决问题的方法是否具有合理性与有效性。在这轮教学中，其他成员也要有目的地观察课堂并做好记录，为第二次总结会议做好准备。

（6）提炼总结，形成课例

第二轮教学结束后，各位成员尽可能地对两次课堂进行详细的分析对比，讨论与总结出规律，形成经验。再对研究过程中的所有资料，包括教案、课堂实录、反思总结等进行整理，形成课例。另外，成员还要撰写随笔札记。

2. 实践个案

下面以初中语文组《走一步，再走一步》一课的课例研讨为例。

（1）以学科为划分，成立课例研讨小组

为了提高教学质量，学校初中语文组决定成立课例研讨小组并确立相应的规范和程序。按照正常标准一般每个组只容纳 5～7 名成员，但是该组共有 12 位成员，因为他们想综合大家的力量共同研究一个课题，所以容量略大。其中包括 4 名初一教师、4 名初二教师、3 名初三教师和 1 名专业人员。

（2）共同讨论，确定研究课例

由于学校近期倡导学生要勇于克服困难，要有敢于战胜困难的决心与勇气，因此在这种氛围下，为了抓住这一契机，该组成员经过阅读相关书籍、文献和共同讨论，最终确定他们的研讨重点是课文要融入生活，要让学生从生活细节中参透大道理。因此，确定了人教版七年级上册的《走一步，再走一步》一课为研讨课例。

（3）共同设计，初拟教学方案

研讨课例一经确定，该组就利用平时教研组开例会的时间共同设计了一份集聚大家智慧的教学方案。在会议上，有经验的教师列出他们以前教授这篇课文时遇到的问题及自己的建议；善于总结的教师回顾了自己之前执教该类文体的教学过程；勇于创新的教师提供了一些精彩的教学环节，如角色扮演，可以让学生身临其境地去感受，以便加深对文章的理解。经过一个星期的努力，最终形成了一份初步的教学方案。

（3）一人授课，其他人细心观察

教学方案确定之后，就需要从小组中挑选一名成员来讲授这节课。值得注意的是，该方案是大家合作完成的，所以这节课的成败与整个小组都有密切的关系，并不只是授课教师个人的事。经过讨论，大家一致同意该课在全年级成绩排名中等的初一（1）班进行，授课教师之外的小组成员要环坐在教室四周完成观察课堂的任务，切勿干扰学生上课，同时要收集和记录一些重要数据，填写好《教师提问效度检测表》《学生答题检测表》等。

（4）再次讨论，反思教学

第一次授课结束之后，组长整理并统计好成员们填写的观察量表以便召开反思会议。在会议上，授课教师成功地找到了课文的教学关键，并提出了自己在教学实践中产生的困惑。其他成员根据自己的课堂观察情况逐个发言，并提出了几个教学障碍点，如通过什么样的方式让学生更好地揣摩文章中人物的心理？怎样让学生多角度、多层次地领会文章中的人生哲理？如何落实语文的工具性与人文性的统一，在生活中激励学生树立战胜一切艰难险阻的信心和勇气？……并讨论出相应的方法以解决这些障碍点，还讨论了怎样设计这堂课以提高学生的学习积极性。

（5）检验效果，再次施教

在自己的反思总结及小组成员的建议的基础上，授课教师再次

进行授课。在本节课上，成员们依旧要有目的地观察课堂并做好记录。该环节的重点是检验大家在会议上提出的解决问题的方向是否切实有效，检验这节课能否达到预期目标。事实证明，课堂上大部分学生都能积极地参与学习活动；课堂时间主要由学生自己把握；学习活动形式丰富多彩；学生与学生、学生与教师的交流增多了。

（6）写出报告，形成课例

小组成员坚持不懈的努力，使课例研讨取得了很好的结果。最后，成员们提供关于该课的各种资料，组长负责按类别整理好。同时，找一位善于写作的成员写出报告，以便形成典型课例。

3. 实践反思

通过对“课例研讨”校本研修模式的学习和实践，教师领悟到了校本研修的真正意义，明白了课例研讨是一种行动研究方法，其目的就是使教师在课堂教学实践中不断提高自己的教育教学能力。当然，在这个实践过程中也存在着不足，如学校进行实践的班级数量较少，导致无法开展多次授课来验证研修成果，若开展的次数能适当增多，研修成果自然会更完善，更具有推广的价值；忽视了展示课与研究课的区别，个别教师容易混淆两者——展示课带有一定的功利性，授课教师在课堂上往往带有表演的成分；而研究课具有目的性，是真真切切地去解决问题的。同时，还要注意小组成员间的平等交流。

二、“微课题研究”校本研修模式

（一）微课题研究的内涵

1. 概念

微课题研究即小课题研究，是指一线教师针对一些在教育教学中既微观又具体的实际问题进行研究。这些问题可以源于教师对课堂教学的反思，可以源于教师对教学案例的疑惑，也可以源于教师对学情的关注。微课题是相对于大课题而言的，并不是由教育部门申报、立项的课题，而是从教师自身实际出发，最接近实际教学情况的小课题。微课题研究有助于教师解决教育教学实践中遇到的各种问题，实实在在地改进教学工作；同时能有效优化校本研修方式，形成“人人有课题，人人在研究”的局面，提高校本研修的质量，促进教师的专业化发展。

2. 特征

（1）微观性

微课题研究的微观性着眼于一个“小”字。它所关注的各方面都是从某个小的点出发，再层层深入，最后揭示问题的本质。这主要体现在以下几点：第一，在研修规模上很“小”，只是由一个或几个教师组成的小团队，没有固定的研究方向，也没有强制性的操作流程；第二，在课题内容的选择上很“小”，研修内容的范围都是围绕着教育教学活动中的某个细节或教学问题中的某个关键点进行的；第三，在研修的投资上很“小”，由于规模小、成员少、内容涉及范围小，因而学校所需投放的资金并不多。

（2）实践性

所谓实践性，就是指从实践中来，到实践中去。由于“微课题研究”校本研修模式立足于教育教学活动，针对教师在教学中遇到的各种有价值且细小的问题，所以是绝不会脱离教育教学实践的。教师需要留心关注各种教学现象，在实践中提炼自己的观点，并形成课题。

（3）灵活性

微课题研究的灵活性表现在以下几个方面：研究内容与时间无须局限于有关部门的要求，教师可以自己做主；研究组织形式既可以是一个人，也可以成立两个人及两个人以上的小组；研究成果可以用各种形式呈现出来；课题成果见效快，由于只需要解决教学中

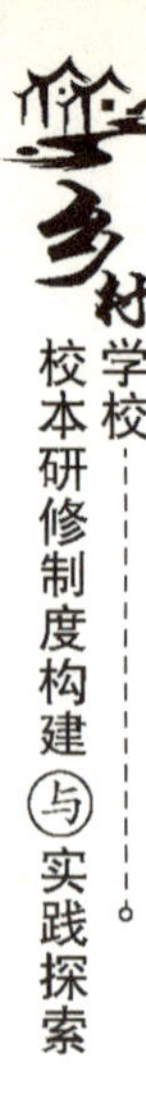

的具体问题，无须苛求一定要形成系统的成果报告，因而速度快且效率高。

（4）实用性

此处的“实用”，是指微课题研究的课题是从实践中得出的，是为实践服务的，是非常实用的。它源于真实的教育活动、真实的教学问题及真实的教学现象，如怎样解决学生依赖参考书的现象、怎样减轻学生的作业负担等。也许这些问题没有特色，甚至有点“小家子气”，但它们是教师在平常的教学活动中遇到的、最需要解决的问题。这些课题是很有价值与意义的，是名副其实的“真”问题，实用性很强。

（二）微课题研究的研修策略

近两年，在进行校本研修的过程中，教师坚持从教育教学实际出发，关注身边的小现象，探索出“微课题研究”校本研修模式，并使之成为教师专业化发展的途径之一。下面是东简中学开展微课题研究的几种研修策略。

1. 发挥引领作用，全面开展微课题指导

作为乡村学校，如何帮助教师解决在教学中遇到的实际问题并选择恰当的研修课题，是摆在学校面前的一个重要问题。学校领导班子必须转变观念，发挥引领作用，迈出全面开展微课题研究的第一步。首先，强化全体教师的课题研究意识，让他们感受到该任务是“软”的而非硬性规定的，使得微课题研究真正成为他们的一种内在需要，做到“人人都有属于自己的课题，人人都是研修者”。其次，加强理论学习，明确微课题研究的方向与具体操作。学校开设关于微课题研究的讲座，面对面地对教师进行一系列的辅导，帮助教师理解微课题的内涵，解决在操作中遇到的问题。最后，指导教师学会怎样收集资料、阅读哪些参考材料，掌握研究结束后结题的一般规律。总之，学校要建立引领指导机制，并把它作为学校的一项重要工作来抓。

2. 凸显本校特色，简化课题申报方案

为了凸显学校的特色，学校领导一致认为应制订与微课题研究相应的课题申报方案。这种想法不无道理，试想一下，如果依旧采用区、市级及以上的课题申报表，教师既要填写课题研究的背景与意义、内容与步骤，还要填写国内外同类课题的研究综述，这些内容对于乡村教师来说，研修的专业要求未免过高，会让他们产生一种恐惧感，让他们觉得课题申报可望而不可即，会严重打击他们进行微课题研究的积极性，并使他们产生巨大的心理负担。

为此，学校根据自身的实际情况简化了课题申报方案，共同讨论并设计了《东简中学微课题研究申报表》，该申报表只需要填写以下几方面的内容：（1）课题名称；（2）开展课题研究的意义；（3）课题研究所采取的方法；（4）课题研究预期取得的成果。同时，微课题可自由申报，即研究内容不限，研究时间可自由支配，研究形式既可以单独申报，也可以多人申报。如此一来，由于降低了各方面的要求，便可消除教师的恐惧心理，提高他们的参与积极性。

3. 加强研究过程监管，确保实施到位

所谓“无规矩不成方圆”，加强研究过程的监管是使微课题研究具有实效性的保障。只有确保实施到位，才能使课题研究不走形式、不走过场，才能使微课题研究做到有的放矢、有条有理，真正发挥这种校本研修模式的作用。

为此，学校建立健全了相关的监管制度，保证微课题研究开展的规范化与实效化。如制订考核评估制度，考核教师的出勤率、课题研究任务的完成情况以及资料的积累与整理情况；制订奖励制度，引领教师踏上微课题研究这条快乐之路；等等。另外，学校除了加强研究过程监管外，还重视培养教师的自主管理能力，使教师愿意

去做微课题研究，并且能全心全意地做好。

（三）微课题研究的研修实践

1. 具体操作

（1）在教学实践中发现问题

微课题研究的目的在于解决教师在教学实践中存在的现实问题，所以研究的第一步就是发现问题。教师要增强问题意识，并通过多重视角观察问题，采用先小处后大处、先具体后抽象、先个别后一般的发现问题的方法，在具体的教学过程中、阅读相关书籍时、与同行思维碰撞中发现问题，以便选择合适的微课题。

（2）在资料收集中形成微课题

教师从各种途径发现问题后，要把所有自己认为有研究价值的问题收集起来，并建立问题库。当问题库建立之后，就可以确定微课题了。那么，如何从众多的问题中选择最合适的课题呢？第一个原则就是从中挑选出自己最想解决且最急于解决的问题；第二个原则就是根据自己的能力再从中选出自己认为能完成研究任务的问题；第三个原则就是对选择的问题进行处理，即把问题变得更具体、更真实。如语文科组吴小宁老师的“初中毕业生作文批改方式探讨及策略”、数学科组陈美清老师的“数学课中学生不会质疑的原因探讨及应对策略”、物理科组庄中木老师的“初中物理学科中，女生厌学原因分析与对策研究”等。

（3）在校园网上申报课题

课题确定之后，教师就可以以个人或小组为单位向学校申报立项，登录校园网下载《东简中学微课题研究申报表》并填写相关内容。学校教研组成员对教师提交上来的表格进行集中审核，一致通过之后便可以立项。不合格的，须重新确定选题、申报，直至完成立项。

(4) 制订解决问题的方案

立项通过之后，就要设计出解决问题的方案，使得该研究具有实用性。教师应该围绕着研究的内容与重点，着力突出研究过程的各个阶段，在借鉴他人经验的基础上思考出解决问题的最佳方法。而要获得他人的经验，可以通过阅读相关书籍与文献、上网查找资料或向同行请教。

(5) 运用方案中的方法解决问题

再完美的方案，如果没有得到落实，就只是纸上谈兵。所以，明确了解决问题的最佳方法之后，教师就要把方案付诸实践，在教育教学过程中展开真正的研究。同时，在实践过程中要注意将实践与研究相结合，一边实践，一边研究，不断修正研究方案，使研究方案更具规范性与科学性。

(6) 分享研究成果

教师可以用自己喜欢的形式，如小论文、日记、心得体会等，把自己解决这一问题的过程总结出来。此外，还要及时整理微课题研究过程中的所有材料，撰写研究报告，并向学校教研部门提出结题申请。总之，教师要懂得用自己独特的方式推广成果，与其他教师一同分享经验。

(7) 书写结题报告

每个学期末，经微课题组申请，学校对各微课题进行评审，对认真、按期完成预定研究目标、研究过程且成果资料齐全的微课题予以结题。课题成果一般包括一份结题报告和相关附件材料（附件材料包括支持课题研究的过程性材料），以及案例、论文等。

结题程序包括三个步骤：①课题组及时整理研究过程资料及成果资料，撰写结题报告；②将结题报告、过程性资料及成果资料上报学校；③学校听取研究者的报告，对课题进行评审，向研究者宣布评审意见。

2. 实践个案

以下是陈美清老师填写的“数学课中学生不会质疑的原因探讨及应对策略”的微课题研究申报表。

<table>
<tr><td>时间</td><td colspan="3">2014 年 6 月 19 日</td></tr>
<tr><td>成员</td><td>陈美清</td><td>主持人</td><td>陈美清</td></tr>
<tr><td>课题</td><td colspan="3">数学课中学生不会质疑的原因探讨及应对策略</td></tr>
<tr><td>研究过程</td><td colspan="3">1. 选题缘由：
(1) 数学课上学生回答问题越来越不积极，即使是回答也是“一问一答”。
(2) 学生难以发现问题，几乎没有学生能质疑。
(3) 这样乏味的课堂令学生对数学产生厌恶心理，不符合新课程改革的精神。
2. 确定课题名称。
3. 在校园网上申报课题，经审核通过。
4. 本课题计划分为以下三个阶段进行研究。
(1) 准备阶段：制订研究方案，确定研究起点，收集、整理相关研究资料，开题论证。
(2) 实施阶段；有重点地实施，记录研究对象的变化过程，对实体性成果进行定量分析和定性描述，发现和寻找各种新的可能性，服务于学生的发展。
(3) 总结阶段：汇总研究成果，总结研究经验，反思教学实践，形成结题报告。</td></tr>
<tr><td>预期成果</td><td colspan="3">1. 得出解决数学课上学生不会质疑的相关策略。
2. 资料成果：教师在自己教学过程中的所得、所失、所感、所悟。</td></tr>
<tr><td>学校意见</td><td colspan="3">同意！
负责人签名：谢耀丰　　2014 年 6 月 21 日</td></tr>
</table>

3. 实践反思

微课题研究看似“小打小闹”，但它关注教师的专业成长，尤其为青年教师提供了一个发挥个性、展示能力的舞台，能促使青年教师尽快成熟，是提高青年教师的反思能力、研究能力、教学能力，促进青年教师专业成长的有效载体。但微课题研究中也存在一些问题，如：大多数教师忽视了研究中产生的新问题；不少课题华而不实，不利于研究；部分教师对微课题研究缺乏热情；等等。

附1：《东简中学微课题研究选题指南》

微课题研究的课题可以按照《湛江市中小学新一轮课堂教学改革方案》的要求，围绕自主学习、合作探究、精讲释疑、训练检测四个方面自行拟定；也可以结合我校“十二五”重点立项课题“学校教研制度建设和管理机制研究”，以及自己在教学中遇到的其他实际问题自行拟定。以下课题仅供参考。

1. 课程改革背景下如何开展班级学情调查
2. 对一节课学习目标的研究
3. 课堂教学中音乐导入法有效性的研究
4. 课堂教学中图画（图片）导入法有效性的研究
5. 课堂教学中故事导入法有效性的研究
6. 课堂教学中问题导入法有效性的研究
7. 课堂教学中情境导入法有效性的研究
8. 课堂教学中实物导入法有效性的研究
9. 课堂教学中表演导入法有效性的研究
10. 课堂教学中语言导入法有效性的研究
11. 课堂教学中悬念导入法有效性的研究
12. 课堂教学中练习导入法有效性的研究
13. 教师教学语言的启发性的研究
14. 教师教学语言的艺术性的研究
15. 教师教学语言的激励性的研究
16. 课堂教学中设问有效性的研究

17. 课堂教学中问题设计及其有效性的研究

18. 学生学科问题意识培养的研究

19. 课堂教学中有效评价形式的研究

20. 课堂教学中有效评价语言的研究

21. 运用童话故事让学生学得愉快的研究

22. 运用多媒体让学生学得愉快的研究

23. 培养学生自信让学生学得舒心的研究

24. 调动学生多种感官让学生学得愉快的研究

25. 学生生字（或词语、段落大意、主要内容、表达方法、重点句子、定律、计算方法……）预习方法的研究

26. 学生勾画批注符号规范化研究

27. 小组合作学习的分组方法研究

28. 小组合作学习中角色意识和能力培养研究

29. 小组合作学习的效果评价研究

30. 学生倾听能力培养策略研究

31. 学生表达能力培养策略研究

32. 课堂教学中学生学习展示方式的研究

33. 技能型学科教学中学生动手能力培养研究

34. 课堂教学中习题分层设计的研究

35. 课堂教学中分层练习分层评价的研究

36. 课堂练习与新知巩固的有效性的研究

37. 课堂练习与新知拓展的有效性的研究

38. 新授课练习设计研究

39. 练习课练习设计研究

40. 复习课练习设计研究

41. 情境性练习设计研究

42. 拓展性练习设计研究

43. 对比性练习设计研究

44. 针对性练习设计研究

45. 时代性练习设计研究

46. 趣味性练习设计研究

47. 生活性练习设计研究

48. 导向性练习设计研究

49. 启发性练习设计研究

50. 层次性练习设计研究

51. 课堂教学中教师讲与不讲的研究

52. 课堂教学中师生互动的有效性的研究

53. 新授课中概念教学的研究

54. 课堂教学中问题情境设计研究

55. 课堂教学中学生能力生成契机研究

56. 案例教学法在学生学习方式变革中的应用研究

57. 实验课的教学管理研究

58. 精讲的有效性研究

59. 精练的有效性研究

60. 课堂教学的拓展性研究

61. 运用学具提高课堂教学效率的研究

62. 运用学具提高学生作图能力的研究

63. 运用学具提高学生空间想象能力的研究

64. 课堂教学中锻炼学生动手操作能力的研究

65. 游戏走进低年级课堂的研究

66. 提高学生计算能力的研究

67. 文本拓展教学研究

68. 拼音教学的有效性的研究

69. 生字教学的有效性的研究

70. 词串教学的有效性的研究

71. 学生握笔姿势矫正策略研究

72. 问题解决教学中线段图实用性的研究

73. 问题解决教学中线段图类别及其有效性的研究

74. 学生作图能力培养的有效性的研究

75. 关于学案编制中问题设置有效性的研究

76. 导学案优化设计研究

附 2:《东简中学微课题研究申报表》

<table>
<tr><td>时间</td><td colspan="3"></td></tr>
<tr><td>成员</td><td></td><td>主持人</td><td></td></tr>
<tr><td>课题</td><td colspan="3"></td></tr>
<tr><td>研究
过程</td><td colspan="3"></td></tr>
<tr><td>预期
成果</td><td colspan="3"></td></tr>
<tr><td>学校意见</td><td colspan="3">负责人签名:　　　年　　月　　日</td></tr>
</table>

附3：《东简中学微课题研究工作进度表》

时间	工作要点	产生的效果及问题简述

注：有关证明材料附表后。证明材料包括教学案，听、评课稿，读书笔记，听课笔记，调查问卷及统计分析材料，会议、沙龙、讲座等研讨活动记录（包括文字和图片资料），学生作品等各种能反映研究过程的资料。

附4：《东简中学微课题研究成果登记表》

序号	成果	成果名称类型	效果及作用简述	是否发表或获奖

注：具体研究成果附表后。研究成果包括研究报告，研究论文（包括教学案、教学实录、教学反思、教育案例、教育故事、教育随笔、课件、教具等），研究课或主题教育活动方案。

附 5：《东简中学微课题研究结题报告表》

课题组长		职称		学科		年级	
课题组成员							
研究中遇到的问题与困惑							
产生该问题的原因分析							
采取的措施与行动							
成效（经过研究，在所解决的问题上产生的改进和变化）							
反思及后续研究							

三、“互联网交流”校本研修模式

（一）“互联网交流”校本研修的内涵

1. 概念

“互联网交流”校本研修是指通过 QQ 群、微信群或博客等网络平台实现教师之间的合作与交流的形式。利用互联网这一平台，可以解决研修时间难统一、乡村学校经费紧张等问题，具有扩大人际圈、促进合作交流、共享与创生资源等功能。教师通过微博、QQ空间等分享优秀文章和个人反思日记，使校本研修变得更加自主、开放，满足了个体化的研修需求。

2. 特征

（1）研修方式便捷化

利用互联网交流平台可以打破传统的面对面研修的方式，实现一对一、一对多、多对一、多对多的互动交流。在现实中，教师常因为教学工作繁忙而难以抽出时间参加校本研修，也难以与其他教师进行充分的互动交流，这一直是校本研修中存在的大问题。而利用互联网交流平台，可以较好地解决这些问题，使得时间与空间不再是校本研修的阻碍。教师可以随时随地进行碎片化的研修交流，不需要单独安排时间，完全不受空间、时间的限制。

（2）研修资源丰富化

传统研修活动的开展形式有限，可利用的资源也十分匮乏，而互联网交流能为教师提供多样化的实践形式，可利用的资源也十分丰富。通过互联网交流平台，教师把自己的资源与其他教师共享，因为每位教师都有自己擅长的一面，如有的在课件设计方面有研究，有的擅长写教案设计，有的擅长制作教学视频，等等。而这些资源通过互联网平台进行积累与保存，可以确保教师从大家共享的资源中获取知识。通过这一平台，共同学习和共同进步的理念深入每一位教师的心中，每一位教师都在为资源共享尽一份力，资源库会越来越丰富。

（3）研修氛围民主化

利用互联网交流平台，大家可以针对所探讨的主题畅所欲言，各抒己见。在这种浓厚的民主氛围中，教师不必拘泥于面对面时上级领导的压力，不必看他们的“脸色”说话，而可以大胆地发表自

己的见解，提出科学合理的建议。同时，在互联网平台上自由发言使得各位教师能以平等地位相处，充分地调动参与研修的积极性。在这种民主宽松的氛围中，人人都是研修能手，都能发表自己的观点与意见，有助于学校的校本研修工作顺利进行，让教师深深地意识到自己是学校的主人，意识到“校本研修，人人有责”。

（4）成本低且效率高

对于一所乡村学校来说，研修经费往往不足，而互联网交流平台是一种成本低且效率较高的研修平台。学校只需组织教师建立微信群、QQ 群、网上论坛、博客等，发挥互联网即时通信的优势，就能大大缩短信息传播的时间和周期，提高校本研修的效率。而且教师交流主要是借助互联网的回复与评论功能，成本低廉，便捷快速。

（二）互联网交流的研修策略

1. 加强培训，了解基本的操作方法

为了让每位教师都能够掌握通过互联网交流平台进行在线研修的操作步骤，东简中学邀请了一位信息技术专家对全体教师进行操作培训，对如何搜索相关网站、怎样注册与登陆、怎样观看视频讲座、如何运用评价功能等方面的内容一步步地进行了详细而具体的操作演示。不论教师的年龄大小、信息技术水平高低，都争取使他们一学就会，并且能够自如操作。通过这次培训，全体教师都对互联网交流平台的操作流程有了进一步的认识，激发了学习的积极性和主动性。

2. 规范运行，建设三个核心平台

首先，建立教师自我反思平台。互联网交流平台为教师的自我反思提供了条件，这一平台的优势在于拥有丰富的信息资源，教师不用单靠阅读有限的几本教育教学杂志、大部头的教育著作等纸质资料来了解教育教学信息。互联网上丰富的资源，为教师的自我反思提供了条件。

其次，建立教师交流平台。大家处于同一个“互联网村落”，各抒己见，大胆评论，不局限于学校内部教研组，还可以通过博客、论坛、微信群等网络工具与校外的教研群体进行交流。

最后，建立教师专业引领平台。通过强大的互联网交流平台，教师观摩大量优秀的课例，聆听专家的讲座，与专家进行交流和对话。

3. 严格管理，各方全面配合与支持

学校领导班子应对互联网交流平台给予重视，把该平台作为校本研修的一种可行的新方式和新途径，并制订相关方案、计划、制度，从而确保该平台的有效运行。电教部门的专业技术人员经常对每一台计算机及网络线路进行详细的检测，为教师的交流提供顺畅安全的网络环境。同时，考虑到年龄较大的教师对计算机的操作不是很熟练，便让青年教师与之结成合作学习小组，共同学习，共同进步。此外，学校还积极筹措经费，为每位教师配置一台计算机，以改善教师办公学习的条件。

（三）互联网交流的研修实践

1. 具体操作

（1）结合实际需要，加入群组

学校教师根据自身实际需要，合理有效地运用互联网交流平台，积极寻找研修群体，主要的途径有加入 QQ 群、微信群，浏览教育博客、教学微博、教育论坛，等等。学校的青年教师大多加入了研修 QQ 群或微信群，通过这两条途径可以随时获得很多关于研修的信息，当遇到难以解决的问题时，就可以即时寻求群内成员的帮助，当然也可以给群里遇到困难的人提供帮助，实现互利互惠。有的教师也关注一些关于研修的微信公众号、微博达人及博客，这样就能通过手机便捷地在这些平台上了解研修的最新动态，浏览有深度的文章，也能参与问卷调查和研修探讨。教龄稍长的教师则进入网上

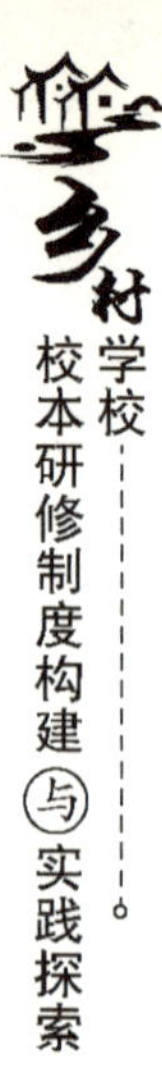

论坛，与其他教师一起针对某个问题进行思考和讨论。

（2）基于对研修的热爱，建立个人研修空间

学校要求教师基于对研修的热爱或需要，建立个人研修空间，这是与其他教师进行沟通和交流的桥梁。教师可以建立自己的教育博客发表教学日志，讲述自己在学校管理、教学工作、研修活动中的感受，留下关于课堂实录、教学反思、教学课例等研修的足迹。教师可以建立一个专门关于研修的个人主页，撰写教学心得、教学笔记、教案设计，提出自己的疑难问题，进行教学反思，等等。教师可以上传一些精彩的照片以留住珍贵的瞬间，如课堂上的或外出考察的场景。教师还可以建立个人资源库，整理并收藏优秀的文本、图像和视频等资源，以便上传和下载优秀的教育教学资源。

（3）学会分享转发，与同行进行有效交流

教师遇到自己感兴趣或认为有价值的研修内容时要学会分享转发，即利用QQ、微信、论坛的分享或转发功能把好的资源传递出去，可以直接发送给朋友，可以分享到朋友圈中让更多的同行看到，也可以让更多的教师参与到交流中。同时，教师在与其他教师进行交流时，可以开展在线互动研讨，围绕一个中心问题进行学习研究；可以在论坛里以发帖、回帖的方式进行，在博客里以评论的方式进行，在QQ群或微信群里以即时对话的方式进行。学校鼓励教师学会分享、转发、评价、探讨，尽可能多地参与互联网交流平台上的讨论、发言，使之成为一种习惯。

（4）整理收获与感悟，回归实践

学校教师通过开通个人博客、个人主页等网络个人空间，加入QQ群、微信群等群组，寻找同伴的帮助，寻求研修合作伙伴。他们既是学习者，也是资源提供者与自主研究者。通过互联网交流平台撰写教学笔记、教学心得、教学反思，分享课件、教案等教学资源，进行网络专题研究等，这些丰富多彩的互联网研修形式不仅能让教师展示自己的才能，也能在共同研究、共同分享中提升自己的

专业能力和水平。理论还需回归实践，学校要求教师及时将自己在互联网交流平台中的收获与感悟进行整理，并将其应用于平时的课堂教学中。

2. 实践个案

下面以探讨“作文如何写出真情实感”为例。

（1）提出问题，收集意见

作文是语文学科教学中的一个重要内容，其教学目标、评价方式都能够、也应该体现出新课程理念。然而，面对这一内容的教学，许多教师都存在着不少困惑，急需集体的智慧来帮忙。为了更加真切地了解教师遇到的问题，我们设计了几个开放性话题以征集帖子：话题一为“面对初中作文，我们有哪些困惑”；话题二为“教学生写作文有什么策略”。发帖子的目的是了解教师对初中作文教学的困惑，逐渐打开他们的思路，激发他们解决问题的欲望。

（2）整理帖子，深入分析

帖子发出后，先后有 30 多人跟帖，他们从多个角度阐述了自己在作文教学中遇到的困难。为了让大家对问题有一个更明确的认识，方便进一步有针对性地解决问题，我们及时对相关问题进行了归纳、整理与总结。从整理的结果来分析，教师的困惑涉及学习内容、时间安排、学生写作的积极性与创造性等方面。接着，我们把问题总结帖发布在讨论区里，帖子发出后得到了教师的普遍关注，先后有 500 多人次浏览帖子。最后，大家通过一段时间的讨论与交流，提出了一个问题“作文如何写出真情实感”，这是大家集思广益的结果。

（3）群策群力，集体备课

问题浮出水面之后，我们便充分发挥集体的力量，引导教师共同研究解决问题的方法。为了弥补部分教师对作文教学认识上的匮乏，我们提供了几个网上作文专题讲座给教师观看，在此基础上，又在讨论区发布了一次网上研修活动：以“×××，谢谢你”为题，让学生写出有真情实感的 800 字作文，设计出教学方案。在历时一

个多月的网上研讨中，阅读该帖的教师达 1000 多人次，28 人次跟帖发表意见。

（4）总结方案，小试牛刀

不少教师在看了方案之后提出了建议，如“可以使学生从名篇和优秀作文中感悟并掌握真情实感的写法”“可以由浅入深地进行讲解”等。在众多教师建议的基础上，我们总结出六个教学步骤：第一步，从作文要求引入新课；第二步，检查学生的预习情况；第三步，看名篇是如何写出真情实感的；第四步，从写的角度分析如何写出真情实感；第五步，从议论、抒情的角度分析如何写出真情实感；第六步，学生口头作文。

3. 实践反思

为了让互联网交流平台有更好的发展，使教师在研修之路上走得更好、更远，必须不断进行反思和总结，善于发现该模式中存在的问题，并积极探求解决方法。互联网交流平台发展得较为缓慢，究其原因主要有这几个方面。

其一，研修过程相对散漫、无序。由于研修时间过于自由，易造成研修滞后的现象，很多教师常常处于“潜水”状态，到最后常常导致研修不了了之。

其二，互联网交流平台缺乏有力的组织者，虽然论坛、QQ 群或微信群上在线的人很多，但由于缺少一个主持人，常导致发言无序或无聊的刷屏现象。

其三，互联网交流平台缺乏规范性条例的约束，缺少必要的奖惩措施，易造成参与者寥寥无几的现象。

四、“茶馆式座谈”校本研修模式

（一）茶馆式座谈的内涵

1. 概念

茶馆式座谈是指教师以茶馆座谈的形式在一种轻松、愉快的氛围中讨论并解决校本研修实践中的小问题。在座谈中，必须有一个对本次主题有深刻了解与丰富研修经验的主持人，而且事先要准备好研修方案并将研修主题告知教师。值得注意的是，讨论的话题必须是大家都感兴趣的，这样他们才能洒脱自然、毫无拘束地展开讨论。在“喝茶”后，主持人还要和大家一起回顾本次研修的重点。

2. 特征

(1) 具有中国传统特色

茶馆式座谈，顾名思义就是像茶客一样以很放松的心情在茶馆里聊天，而“茶馆式座谈”校本研修模式可以简单地被理解为教师聊天的话题是围绕着校本研修进行的。我国很早就出现了类似于茶馆的地方，以供茶客休息、消遣、交际。茶馆式座谈非常符合中国的国情，十分具有传统特色，其内容和样式值得我们去继承、创新与发扬。

(2) 气氛和谐，欢快愉悦

茶馆式座谈的一个重要理念就是“悦”。座谈的时候不必过于严肃，大家可以在主持人的带领下以茶客的身份围绕研修主题随便交谈、议论，提出自己的意见和建议。这样的研修模式有利于提高教师参与的积极性与互动性，也有利于使教师开阔思路。

(3) 研修似茶馆，教师如茶客

从东简中学校本研修的具体实施情况来看，茶馆式座谈与真正的茶馆相比，有许多相似之处，如氛围和谐，大家均崇尚自由、民主，教师可以毫无拘束地交流。当然，也不乏不同之处，如在茶馆式座谈中存在着一位主持人，以确保校本研修的顺利开展。

(4) 对话性与共同性并存

在这种研修模式中，每个人都要听，都要讲，都要议，都要论，每个人都既是发言者，又是倾听者。学校提倡对话，提倡合作，使各位教师都走向对话，形成合作共同体。

（二）茶馆式座谈的研修策略

1. 做足准备功夫，人人都是主持人

“宜未雨而绸缪，毋临渴而掘井。”虽说茶馆式座谈相比其他校本研修模式略粗疏，讨论形式倾向于非正式，但是其前期的准备工作还得做足。

首先，每位教师都可能成为茶馆式座谈的主持人，所以每个人都要懂得确定校本研修目标。这里所指的目标是具体的、可测的、直接的目标，既不能虚无缥缈，也不能遥遥无期。

其次，主持人要懂得选择校本研修主题。由于茶馆式座谈研修的时间极其有限，所以要选择小、易、俗的主题。

最后，主持人还需要根据目标与主题设计一些通俗易懂且便于讨论的问题，并提前告知参与成员。

当把所有的事情都准备就绪，茶馆式座谈便迈出了成功的第一步。

2. 轻轻松松讨论，全程要录音

在茶馆式座谈的研修过程中，教师要尽量放松自己的心情，一边喝茶，一边思考，一边讨论。在这里，教师可以毫无顾忌地抒发自己的情感，发表独特的见解，没有巨大的心理压力，没有硬性的要求，可以随时畅所欲言。教师坐在柔软的沙发上，面前的桌上除了一杯热腾腾的茶、一个笔记本、一支笔外，还有一件秘密武器——录音机。录音机的作用是不容忽视的，它是这场茶馆式座谈的重要见证。有了它，教师就可以反反复复回味这次研修的整个过程。当然，有条件的还可以用录像机协助记录。

3. 回顾与反思是茶馆式座谈后的关键

虽然茶馆式座谈不是很正式，但这并不意味着教师只是单纯地喝喝茶、聊聊天，教师还要学会回顾与反思。在茶馆式座谈结束之后，主持人要用自己熟练的方式与大家一起回顾本次研修的重点，其他人则需要以自己喜欢的方式去反思。值得一提的是，反思的形式是多种多样的，如写心得体会、反思日记、论文等。

（三）茶馆式座谈的研修实践

1. 具体操作

（1）前期准备工作

确定主持人之后，主持人就要负责根据教师的实际情况确定本期校本研修的目标与主题，设计好一份活动方案，内容包括活动主题、地点、时间、人员、流程等，并利用互联网把信息传达给每一位教师，确保他们对本次活动有所了解，以免在活动时手足无措。

（2）活动开展过程

活动开始后，大家便可针对某一教育教学问题进行讨论，无须按顺序，可即兴发言。在整个过程中，主持人需要一路引领着话题，而教师不受任何条条框框的束缚，谈吐自然，不受拘束。要尽可能营造出这样的氛围：有时不谋而合，相互补充；有时为某一个问题争得面红耳赤，相持不下；有时眉头紧锁，默默思考。总之，大家要像茶客一样使得校本研修更具常态化、生活化的特点。另外，在整个活动过程中，还需要安排一位教师为活动录音。

（3）总结反思阶段

教师回到办公室或家里后，需要不断反思。“好记性不如烂笔头”，主持人可以鼓励大家把自己的所思所想记录下来。同时，主持人要尽可能快地把录音整理成文字并发送到各位教师的邮箱中，以便参考。

2. 实践个案

下面以东简中学的第一次茶馆式座谈为例。

活动主题：互助·体验·研修·提高

参与对象：东简中学部分教师、岭南师范学院王林发教授

活动时间：2015 年 6 月

活动地点：茶馆

活动流程：

（1）谢耀丰校长做动员讲话。

（2）王林发教授给大家讲解茶馆式座谈的相关知识。

（3）教师进行互动。

① 主持人宣布活动开始。

② 议一议：教师三五成群地围坐在一起，针对“中学教师生成性教学能力”这个话题进行讨论。

③ 讲一讲：每个教师都发表自己的看法。

④ 录一录：把整个过程用录音笔录下来。

（4）教师对本次活动进行反思。

3. 实践反思

通过落实“茶馆式座谈”校本研修模式，学校教师真正领悟到了研修的快乐，明白了研修是可以在“谈中学、学中谈”的。当然，在开展茶馆式座谈时也遇到了不少问题，如部分教师心态不端正，认为这只是单纯聊天，把说过的话很快就忘到脑后了，过于随便；研修的部分规则不完善，导致有时无法顺利开展，场面混乱。

五、“‘草根’名师工作室”校本研修模式

（一）“草根”名师工作室的内涵

1. 概念

“草根”名师工作室是指由若干位教师组成，旨在发挥集体智慧，以促进教师专业化发展、提高教师整体素质的学习共同体。该学习共同体的关键特点是“草根化”，即研究成员是一线教师而非专家学者，研究内容根植于课堂并力求解决教学中的实际问题，“人人都能当名师”的理念扎根于此。在“草根”名师工作室中，只要教师足够优秀，便可以当名师，可以自由地发表自己的观点，甚至可

以发挥“领头羊”的作用，带领他人进步，实现自己的价值。

2. 特征

（1）“草根”性原则

“草根”名师工作室以教师发展为核心，以教师自主自治为重点，即教师自主决定研究的目标、内容、方向及途径。它不需要名气大的主持人，也不需要每位教师都是专家学者。每一个处于“草根”阶层的教师都有权组建工作室，也有机会成为名师。总之，工作室在“草根”中，由“草根”所组成，并且是为了“草根”的发展。

（2）差异性原则

“草根”名师工作室作为一个教师学习共同体，是由很多教师组成的，其中的每一位教师都具有自己独特的兴趣、专业特长、教学风格、思维方式及知识结构。“草根”名师工作室提倡张扬个性，尊重并满足教师的差异化需求，以激发教师进行校本研修的积极性、主动性、创造性，进而提高校本研修的有效性。

（3）共同性原则

“草根”名师工作室里的教师都拥有同一个愿景，对共同的目标都有执着的追求。在共同的奋斗目标下，大家相互探讨、相互合作、相互分享，形成一个互动性很强的有机体。共同性原则意味着学校里有名气的骨干教师或学科领头人带领着其他教师成立工作室，将有共同需求的教师集中在一起研讨、交流、合作，以达到共同提高的目的。

（4）民主性原则

“草根”名师工作室始终坚持人人平等的原则，摒弃所谓的等级化、权威化。每位教师都能发表自己的言论，以启迪其他教师的思维，使大家都能在自由民主的氛围中不断提高自己的专业水平。值得注意的是，民主并不意味着放纵，教师在享受民主的同时，也要遵循工作室中的相关规则与制度，切实履行相应的义务，避免出现散漫的风气。

（二）“草根”名师工作室的研修策略

1. 转变观念，搭建“草根”名师工作室

在多年经验与努力的基础上，东简中学得到了大部分教师的支持，决定成立以学科为核心的名师工作室。不少人可能感到纳闷：一所乡村学校何来足够的资本成立一个名师工作室？的确，成立一个名师工作室需要花费很多的人力与物力，从各方面来看都不是乡村学校校本研修的好途径。但名师工作室要想在乡村学校中取得顺利的发展，必须使教师转变观念，树立起“草根”名师工作室的新理念，使得该工作室区别于一般的名师工作室。所谓“草根”名师工作室，就是任何一个优秀的学科教师都可以主持工作室工作，带领着其他教师一同成长、进步。另外，为了贯彻民主性的原则，工作室每隔一段时间都会换一位主持人，做到“人人至少主持一次会议，为人人圆一次成为名师的梦”。在工作方向上，学校抛弃了以往向壁虚构的做法，转变传统观念，使工作室的研究方向与教学实践相契合，真正为教师与教育服务。

2. 制订计划，把握研修的工作方向

为了让工作室成为名副其实的“草根”名师工作室，除了转变观念以外，还需树立明确的建设目标，制订一个完整的研修计划。根据区教育局相关文件的规定，东简中学召开了一次关于成立“草根”名师工作室的大型会议，讨论并制订了工作室在未来两年内的工作计划。其中包括建立相关保障制度，如工作室的管理制度、考核制度、活动制度等；规定成员落实具体任务，如上一节优质课、写一篇好论文、主持一次工作会议等。

在具体方向的引领下，工作室的每位成员都能发挥自己的特长，有效地加强教育教学研究，不断提高自己各方面的能力，更好地实现自我完善和自我超越，从而为“草根”名师工作室的可持续发展奠定良好的基础。

3. 形式多样，发挥研修活动的力量

东简中学在抓工作室的常规工作时，也注意抓工作室的研修活动，使所有成员共同进步，以扩大学校“草根”名师工作室的影响力。学校“草根”名师工作室的主要定期研修活动有以下几种。

（1）观课与议课

为了促进教师教学水平的进一步提高，工作室会定期开展上课、听课、观课、评课等大量学习交流活动。每位教师都必须拥有能代表自己最高水平的课，以语文工作室为例，如叶国兴老师的“作文如何写出真情实感”、杨永标老师的《秋天的怀念》、王调英老师的《济南的冬天》、吴琼芳老师的《荷叶》等。工作室还定期组织大家观摩本工作室教师的优质课堂，上课认真记录，学会思考。听课后，当期主持人要带领大家认真讨论，对授课教师的教学设计、教学方法及教学效果提出合理的看法与建议。除此之外，教师还要认真思考如果该课由自己上自己应该如何设计，通过不断地分析来提高自己的教学能力。

（2）专题研究

一个优秀的教师应该既会教学，又懂研究。东简中学“草根”名师工作室成立的一个重要目的就是为了培养教师的专题研究思维和意识，鼓励教师留心身边的教育问题，并在反思总结的基础上以专题研究的角度去审视这个问题。谢耀丰校长主持的课题“学校教研制度建设和管理机制研究”通过了广东省研究项目的申报立项后，工作室教师受到了极大的鼓舞，纷纷积极地投入专题研究中。他们广泛地收集课题研究的相关资料，认真讨论相关研究内容。在近两年的课题研究实践中，学校探索出了“问题—设计—行动—反思”的行动研究之路。学校“草根”名师工作室启动之后，为营造浓厚的研究氛围，语文工作室开始进行“作文如何写出真情实感”的课题研究；英语工作室的成员开始学唱英语流行歌，研究如何将学生喜爱的流行歌与英语教学有机结合；而其他工作室也都确定了富有

自身特色的研究主题。

(3) 读书感悟

要打好理论知识基础，阅读是一条有效的途径。在阅读中，教师能深刻地领悟到专家学者的教育思想，能拓宽视野，从而使自己的理论素养不断提高。工作室要求各位教师在规定的时间内看完规定的著作，并写出一定数量和质量的读书笔记。另外，工作室每期的主持人每天都要推荐一篇好文章以供教师学习。

(三)“草根”名师工作室的研修实践

1. 具体操作

为充分发挥一线优秀教师在校本研修中的示范、引领和辐射作用，培养更多优秀的骨干教师，加强专业型教师队伍的建设，东简中学成立了语文、数学、物理等不同学科的“草根”名师工作室。

(1) 工作室的组建与目标

首先在学校的研修会议上宣传成立“草根”名师工作室的目的、方向与价值，然后采取自愿报名参加的原则，成立各学科工作室。

工作室将围绕学校校本研修的总体目标，严格遵循教师专业成长的规律，按照两年为一周期的工作计划去落实，力求推动教师的专业化发展，力争在市、区内形成具有较大影响力的工作室。

(2) 工作室教师应履行的职责

为了更好地实现专业化发展的目标，工作室教师必须履行一定的职责。

① 具有较高的个人修养。热衷于掌握先进的教育教学理念，积极投身于教育教学科研工作。同时，要科学、合理地制订出自己未来两年的发展规划。

② 加强基础理论学习。对于工作室所规定的必读或选读书目，要根据自己的时间合理制订相应的读书计划，并做好读书笔记。

③ 积极进行专题研修。平时善于留意教育教学中的小问题，关

注教学中的热点问题，定期参加会议与其他教师进行沟通交流，至少能主持一次课题会议。

④ 加强教学实践。按规定参加工作室组织的观课、议课和评课等活动，至少有一节能代表自己最高水平的优质课。

（3）工作室工作方式

① 团队合作研修方式。

② 理论—实践研修方式。

（4）工作室工作规划三阶段

① 准备阶段（2015 年 5 月—2016 年 4 月）：工作室组建与命名。

② 实施阶段（2016 年 5 月—2017 年 4 月）：有重点地实施研修。

③ 总结阶段（2017 年 5 月—2018 年 4 月）：汇总研究成果，总结研究经验。

（5）工作室工作小组设置

语文：工作室 3 组，每组有 4 名成员，共 12 人。

数学：工作室 4 组，每组有 4 名成员，共 16 人。

英语：工作室 3 组，每组有 5 名成员，共 15 人。

化学：工作室 2 组，每组有 4 名成员，共 8 人。

物理：工作室 1 组，每组有 5 名成员，共 5 人。

生物：工作室 1 组，每组有 4 名成员，共 4 人。

政治：工作室 1 组，每组有 4 名成员，共 4 人。

历史：工作室 1 组，每组有 5 名成员，共 5 人。

地理：工作室 1 组，每组有 6 名成员，共 6 人。

（6）工作室规章制度

① 会议制度：每学期至少要召开两次工作室会议——学期开始之初讨论本学期工作室的计划，规划好具体开展的活动；学期末召开一次总结会议，分析问题，总结收获。这期间还可以根据实际需要召开会议，总结该段时间存在的问题，分享各位教师的经验。

② 考核制度：人人都是管理者，工作室的每位教师都要根据学

校制订的规章制度对自己进行约束，主要从理论知识、教学能力与研究能力等方面督促自己达到预期的目标。

③ 经费制度：根据学校拨发的钱款制订相应的预算，以免超支，尽量把钱用在最需要的地方。

④ 学习制度：认真地落实个人规划中的任务，履行工作室教师应履行的职责，积极参加并学会主持各种研修活动。及时整理各种文件资料，如个人总结与反思、评课议课记录、研修实录等，为工作室的发展提供依据。

2. 实践个案

下面以语文“草根”名师工作室研读《给教师的一百条建议》为例。

时间：2015 年 9 月 16 日

地点：东简中学会议室

主持人：王志海

参加者：叶国燕、王调英、杨永标、叶国兴

记录：王调英

会议议程：

(1) 活动主题：研读苏霍姆林斯基的《给教师的一百条建议》

(2) 过程

① 召开读书交流会之前，各位教师利用暑假时间阅读《给教师的一百条建议》。

② 在工作室的网站上，各位教师分别上交一篇 3000 字以上的读后感及与该书内容有关的教育反思性文章，以供大家阅读与交流。

③ 读书交流会上，每位教师的发言展示不少于 10 分钟。

(3) 初见成效：读书后，教师都有自己的思考和感悟

叶国燕老师发言：每个学生都是可造之才。找到了合适的教育方法，就不会有永远的“学困生”。作为教师，我们要把精力放在研究学生、研究课堂、研究教育教学工作上。没有所谓的“差生”，我

们不能戴着“有色眼镜”去看待他们，要关心、爱护他们。

杨永标老师发言：教师的时间从哪里来？一昼夜只有 24 小时。教师一天到晚要备课、上课、检查作业、批改作业甚至兼顾学生的心理辅导，是的，我们很忙。但是，我们有没有静下心来思考过，这么忙是否有工作效率？自己是否喜爱这份职业？自己是否用心去对待这份工作了？

3. 实践反思

东简中学的“草根”名师工作室在促进教师专业成长的过程中，的确有许多值得肯定的方面，如由学校的优秀教师轮流主持，充分发挥了骨干教师的帮带作用，促使青年教师迅速成长。但“草根”名师工作室作为一种新型的校本研修模式，在发展过程中也存在着不少问题。比如，工作室的制度尚不健全，教师缺乏共同研修的活力与热情；“草根”名师的引领经验尚不成熟，难以达到专业帮扶的预期效果；陷入工作任务化的误区，下达过多的任务要求。总的来说，“草根”名师工作室仍旧需要不断地改进和完善。

第三节　东简中学校本研修制度的理论支撑与核心理念

一、东简中学校本研修制度的理论支撑

（一）教育学理论支撑

1. 桑代克的成人学习理论

桑代克的成人学习理论给学校校本研修制度构建提供了十分重要的启示。可以说，学校的校本研修制度在一定程度上对成人学习理论进行了实践和解释，以下是具体表现。

（1）校本研修制度下的教师能够保持继续学习的热情，提高学

习的效率

在校本研修制度下，教师将克服因自己工作忙、家务重、年龄大等无法继续学习的困难，继续保持学习的热情，提高学习的效率。例如，教师可以通过学校组织开展的关于课例研讨的知识培训活动加深自己对课例的认识。课例研讨的知识培训是基于教师的研修素质而进行的，培训围绕课例研讨的内涵、程序及研讨过程中产生的困难和问题，一一为教师指点迷津，同时为教师提供经典课例研讨的个例材料。教师可以根据自己的具体情况，选取驾轻就熟的课例进行实践，摸清自己的课例研讨水平，对课例研讨上升到理性的认识，一步步了解和深入，提高自己的学习热情，增强继续学习的信心，提高学习能力。

（2）校本研修制度体现了准备律、练习律、效果律三条基本的学习规律

首先，桑代克认为，准备律对学习的解释必须包括某种动机原则。在校本研修中，有的教师会反映“自己的能力差，希望今后有能力带领其他教师开展研修活动”，或担心“校本研修的时间周期长，希望早点学成以便更好地展开教学”等，这表现出教师对校本研修的期望，体现了教师对校本研修抱有强烈的动机。东简中学常常开展各类校本研修活动，由区、市教研员带领，大家互相交流、一起探讨、共同分享，最终稳步提高。另外，在学习动机中，兴趣是关键。在学校校本研修制度构建过程中，因知道教师对校本研修的热情和了解不够，因此十分重视教师在实际课堂教学中的体验，使之对校本研修产生兴趣。

其次，校本研修给教师提供了一个复习和巩固知识的机会，使他们获得新知识和新体验。不论是对知识的学习还是对技能的训练，教师都必须经过实际操作或练习才能掌握。实践的次数越多，知识就越丰富，技能就越熟练。而且，练习间隔的时间越短，效果越好。这体现了桑代克成人学习理论中的学习律。

最后，在校本研修过程中，从学习的效果律来看，教师在进入学习状态这一刺激情境之后，就会做出多种反应，当出现的反应不能让教师满意时，教师就会做出其他反应，直到有一种反应让教师感到达到满意的效果为止。参加校本研修，也是一种情境刺激，教师对这种刺激持什么样的态度、有什么样的反应，是有多种答案的。在校本研修中，学校创设各种条件，采用激发、诱导的方式，如向教师提出明确的学习目标、布置一定的学习任务，同时让教师在追求学习目标的过程中给予及时的反馈和评价、开展教学技能竞赛、组织教师外出跟岗学习等，使得教师对校本研修中的某些积极因素做出积极的反应，激发和增强了教师的学习动机，为提高教师的专业素质打下了基础。

2. 班杜拉的社会学习理论

东简中学在校本研修制度构建中应用了班杜拉的社会学习理论中的主要思想，以下是具体表现。

（1）教师受学校和个人的认知与需要的影响

环境决定论认为，行为是由作用于有机体的环境刺激决定的；社会学习理论的创始人班杜拉则认为，行为、环境与个体的认知之间的影响是相互的，即行为本身是个体认知与环境相互作用的一种副产品。班杜拉指出，行为、个体（主要指认知和其他个人因素）和环境是“你中有我，我中有你”的，不能把某一个因素放在比其他因素更重要的位置上，尽管在某些情境中某一个因素可能起支配作用。

长期以来，乡村学校普遍忽视教师的专业成长，教师的综合素质和各项能力始终难以提升；许多教师观念守旧，发展意识不强，即使参与校本研修，也缺乏反思意识和批判精神，不能真正融入其中。在校本研修制度的推行过程中，学校首先在工作中为教师创设系统的研修、学习机会，使教师的行为、认知和学校提供的环境形成“你中有我，我中有你”的关系。学校的课例研讨、微课题研究、

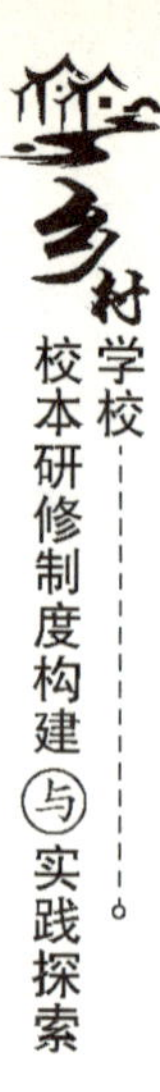

互联网交流、茶馆式座谈、“草根”名师工作室等校本研修模式，为教师创造了适宜的学习机会，使教师的学习置身于学校的培养与教育教学的实践中。在这个过程中，教师是学校的培养对象，又是教育者；学生作为受教育者，能够受到教师教育活动的影响；同时，受教育者和教育者都深受校本研修的影响，相互促进，共同发展。

（2）教师由经验型的知识传授者向专家型的学习促进者转变

学校的校本研修制度以新课程改革的理念为纲要，提倡在课程的开发与实施中赋予教师更多的自主权。教师角色由经验型的知识传授者向专家型的学习促进者的转换，迫切要求教师成为教育教学实践的研究者。学校不断为教师提供各种培训，通过讲座、外出学习等机会，来唤醒教师的角色转换意识。教师通过参与教学实践、课例项目的实际操作，切实认识到参与校本研修的必要性及重要意义，激起了参与校本研修的良好动机和高度热情，增强了自我效能感。

在校本研修中，学校制定了相应的制度，要求研修小组定期组织教师集体备课，并且健全规章制度，督促教师撰写校本研修的研究报告和教学论文，各年级组定期召开课例研讨会和学科赛课活动。这样一来，教师提高了对校本研修价值的认识，不再认为自己只是知识的传授者和学科教学的工具，而认为自己也可以参与到校本研修当中来，在指导教师、培训教师的帮助下做研究，同时在备课、教学设计、学生研究等方面也能提出有针对性的改进建议，供其他教师学习和借鉴。

教师亲身参与到校本研修中来，以自身的教育实践活动来促进自我反省，对其自我效能感的增强有明显的促进作用，有利于主动形成有关课程、教学等方面的理念，成为专家型的学习促进者，通过“做中学”的方式获得新的专业经验。此外，教师还通过阅读教学理论、文学经典著作及参加学术沙龙等方式进行学习，个体探究与体验学习开阔了教师的专业视野，提高了教师的教学科研能力。

3. 罗杰斯的人本主义教育思想

东简中学的校本研修制度深刻地体现了罗杰斯的人本主义教育思想，是对罗杰斯的人本主义教育思想的进一步改进和完善。

（1）使教师成为“有教养的人”

在“茶馆式座谈”校本研修模式中，学校特别重视教师的个人自由、个人选择及自我实现，重视培养有个性的教师。人本主义教育家认为，教育的根本目标是帮助人发展自己的个体性，帮助学生认识到自己是独特的人类个体，并最终帮助学生发挥其潜能。这同样是校本研修培养教师的目标。教育生活在不断变化，教师的经验也应该日渐丰富。学校培养教师的目标应是促进他们的专业成长，培养能够适应教育改革发展和懂得提升自己的人，而不是只重视对知识内容的传授及对知识结果的评判的教师。正如罗杰斯所说，“只有学会如何学习和学会如何适应变化的人，只有意识到没有任何可靠的知识，唯有寻求知识的过程才可靠的人，才是有教养的人”。

学校在发现微信平台的大好发展前景之际，便开始接触、了解微信平台，并尝试将其与教育进行结合，新增了“微信群交流”校本研修模式，找到了教育工作的创新点。学校创建了教师研修微信群，鼓励教师就自己的教育实践和思想状况进行沟通，并相互交流学习，以弥补自身学习力量的不足。微信作为一种社交软件，不仅为教师的个人知识管理提供了空间，更重要的在于构建了教师彼此协作交流、相互共享知识的平台。随着微信功能的日趋完善，越来越多的教师开始关注微信在教学中的应用。在“微信群交流”校本研修模式下，教师可以组成小组开展合作学习，通过对话、辩论、协商等形式实现既定的校本研修目标。

（2）使教师践行多样化的校本研修模式

在校本研修的实践过程中，教师一定要学会转变观念。微课题研究、课例研究等校本研修模式不仅能够集中体现教师的专业素质，也是学校的发展目标能否实现的实践标准。校本研修制度下的研修

模式，改变了传统教育教学的形式主义、功利主义的倾向，切实加强了领导、组织和管理，使教师的教育实践成为有指向性的、连续的、有内容的教育实践。教师要践行多样化的校本研修模式，采取集中与分散、课内与课外相结合的方式，通过参观、听课、说课、教育见习、教育调查、跟岗等多种形式，拓宽课程空间，从而在教育教学实践中成为真正的教学者，为专业能力发展创造更多的生长点。

（3）“‘草根’名师工作室”校本研修模式是意义学习的集中体现

“草根”一词来自英语“grass roots”，人们一般认为它有两个含义：一个指非官方的、民间的，另一个指本土的、基层的。联系“草根”的本义和教研实际，我们可以这样理解“草根”：“草”，就是那一簇簇、一丛丛的野草，平凡、普通、大众；“根”，就是扎在土壤中的根，极具生命力的根。[①] “草根”名师工作室就是广大一线的乡村教师扎根于教学实践的深厚土壤中，脚踏实地进行研究而形成的名师工作室。它的本质特性是实践，教师所有的知识最终都服务于专业实践。在“草根”名师工作室中，教师大多数的教育实践遵从意义学习，都是在“做中学”。教师在校本研修的实践中切身体验并学会解决在教学实践中出现的问题，这是促进教师学习最有效的方式之一。校本研修的实践课程是教师获得非结构性知识的一种高级学习，是集思想教育、文化知识、教育理论和教师的职业情感与职业技能于一体的研修学习机会，也是对教师各种知识和能力的训练和考查。

（4）教师的态度更加积极，更乐于投入研修活动中

过去，学校在教师专业化发展的生涯中往往忽视教师个体生命

---

① 叶映峰．草根化研究：名师断层再续的有效途径［J］．中学语文教学，2011（1）：72—73.

的意义，也就是说，教师的内在尊严与创造性劳动的欢乐不被重视。在校本研修中，学校更加注重教师在教育过程中生命本质和高级需要的满足，明白教师是一个有着巨大的生命力、丰富的情感和独特的个性的人。在“微课题研究”校本研修模式中，教师有机会加强理论学习，这些知识能够改变他们以往的教育教学理念，为教学实践补充“营养”，注入“新鲜血液”，提高教师的专业素养。

在校本研修过程中，教师比过去更善于发现教学中存在的问题，能够与教研组合作交流，及时想出办法解决教学实践中出现的问题，提高了学校整体的教育教学效果，提升了教师自身的教育教学水平。教师的教学效果好了，参加校本研修的信心也就增强了。教师的教育教学经验主要是通过教学反思获得的。一方面，教师学会反思自己的教育教学，懂得在教育教学实践中审视自己的教学理念和教学行为，及时重建自己的教学模式，并将个人反思的结果反馈给教研组，供大家一起探讨和商榷。另一方面，教师的研修水平尽管还不是很高，但能够虚心学习，从微课题研究开始，及时总结和反思，将显性的教育活动内化为个人的教学智慧。若研修时教师无法取得成功，便会不断尝试，在反复修改和反思中逐步提高自己的专业水平。

（二）心理学理论支撑

1. 马斯洛的需要层次理论

东简中学以马斯洛的需要层次理论为心理学理论基础和依据，形成了颇具特色的校本研修制度。这主要表现在以下几个方面。

（1）充分了解教师的个体需要

学校密切关注个体，了解不同年龄教师的不同层次的需要，以制订适合每一位教师的校本研修制度。考虑到青年教师侧重于自尊和自我实现的需要，学校设计了多种校本研修模式供他们选择；考虑到骨干教师在本学科的专业知识上已经积累了较多的教学经验，

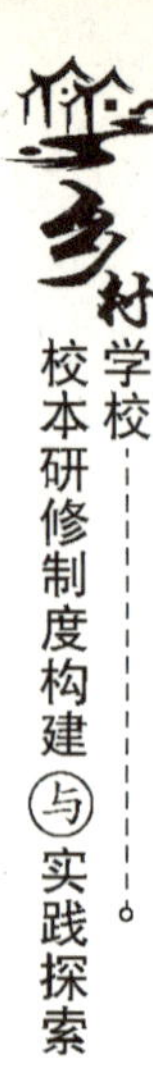

学校为他们提供了研修的平台，使他们将前期工作中积累的知识调动起来，在校本研修活动中得以应用理论、检验理论。其实，每一位教师都渴望自己的教学成果能够有“产出”，在这种校本研修制度下，教师能够得到相应的物质和精神回报，也就意味着他的价值得到了认可，他的尊严得到了满足，他的自我价值得到了实现。

（2）体现了学校的人文关怀

学校非常重视满足青年教师的社交与归属需要，以为其提供情感保证。在日渐完善的校本研修制度中，学校将制度管理与人文关怀相结合。在开展校本研修的过程中，学校精心组织学术沙龙、培训讲座、教育教研活动、社会实践活动、文体活动等，以帮助教师建立良好的人际关系，使他们产生强烈的集体责任感和归属感。这不仅有利于教师个人的身心健康发展，也有利于使教师形成团体凝聚力。这样一来，教师就能感受到来自学校领导的重视和关怀，对学校产生深厚的情感，并树立主人翁意识，自觉参与到学校开展的校本研修活动中去，实现专业能力的提升。

（3）调动了教师工作的积极性

学校积极为教师提供各种机会和平台，组织各类教育教学展示活动、竞赛活动等，使教师有机会展示自己的才能，满足自己的成就需要，并在这些竞争性活动中得到锻炼。同时，这些竞争性活动应与教师的绩效、职称、升迁等挂钩，这样更能调动教师参与的积极性。学校还通过校内外的各种比赛的形式鼓励青年教师参与教学研究，提高他们的教学反思能力。另外，学校从教师本身的素质、教育教学过程、教育教学工作绩效、发展潜力等方面进行考查，采用定量与定性相结合的综合评价方法，注重形成性评价，辩证地看待教师的工作效果，力求通过评价结果从不同层次促进教师的专业化发展。

2. 班杜拉的社会认知理论

根据班杜拉的社会认知理论，在校本研修制度构建过程中，学校践行了教师研修的互动决定模式，其中包含行为因素、认知因素和环境因素。从校本研修的角度来看，环境因素包括学校条件、师资等；行为因素指研修过程中教师的显性表现。而教师的认知在一定程度上会影响他的行为，同时，教师学习行为的改变会影响他的期望和信心（属于认知因素），进而影响认知能力的发展。因此，学校根据教师的专业水平将他们划分成不同的小组，选出教研组组长，旨在提高教师参与教育教学研究的积极性。

二、东简中学校本研修制度的核心理念

（一）深化专业化学习

教师深化专业化的学习备受当前教育改革与发展的关注，是基础教育课程改革推进过程中的难点问题，更是全面实施素质教育的重要问题。传统的“传道、授业、解惑”已不能满足教师专业化发展的持续需要，教师需要不断地参与研修和学习。1965 年，法国成人教育学者保罗·郎格朗在联合国教育、科学及文化组织召开的第三届促进成人教育国际委员会上提交了一份《关于终身教育》的提案。在《终身教育导论》一书中，他又结合当时的国际社会发展背景，就终身教育发展的重要性和必要性做了更为全面而深刻的分析与阐述。在他看来，社会习俗的变迁、世界人口的膨胀、民主进程的深入、科技发展的迅猛、传播媒介的扩容、闲暇时间的增多、生活方式的嬗变、精神信仰的危机等，都迫使人们不得不面对一系列新的问题和挑战，由此，每个人持续不断地接受教育和进行学习已成为一种必需，已成为一种必然。现在越来越多的国家开始关注教师的专业化学习，教师的发展是教师认知研究和教师教育实践的前沿课题，这些都充分说明了社会一直以来对教师专业化发展的要求。

在科学技术日新月异的时代，教育事业快速发展，新的知识层出不穷，对于肩负传承人类文化、教书育人使命的教师来说，这意味着必须充分意识到更新知识体系的重要性。教师不能够一味地靠过去读书时学到的知识和工作后的固有知识体系一劳永逸地过日子，

而必须在时代的发展中汲取新的知识，这就需要学校给教师提供专业化学习的平台，为教师建立一个不断演进的知识体系。终身学习理念，最早出自中国古代“活到老，学到老”的纯朴学习思想；古希腊的柏拉图在《理想国》中也充分表达了终身学习的教育观；日本著名学者佐藤一斋也认为“少而学，则壮年有为。壮而学，则老而不衰。老而学，则死而不朽”。可见，终身学习思想在古今中外都备受人们的关注。教师只有明确终身学习的内涵，树立终身学习的理念，并使之成为践行教学的指导思想，才能够在工作中与时俱进，永远立于不败之地。

教师的专业化学习具有可靠的理论支撑。Barab 和 Duffy 指出，人们在某种现实情境中通过实践活动不仅获得了知识与技能，同时还形成了某一共同体成员的身份，两者是不可分离的。Lave 和 Wenger 把这种情境称为“实践共同体”，并把它定义为“一群追求共同事业，一起从事着通过协商的实践活动，分享着共同信念和理解的个体的集合”。[①] 其中，“实践共同体”理论秉承了“共同体”理论中关于“共同的愿景”“合作的文化”“共享的机制”“对话的氛围”等思想精华，同时注重参与者“合法边缘性参与”（Legiti-mate Peripheral Participation）地位，以实践性问题解决为导向，十分贴合于教师专业知识的特点及教师的专业化发展。“实践共同体”理论强调，教师需要转变自己的角色，以努力适应新的教育环境和新课程改革后的课堂文化。这意味着教师不再是知识的传授者，而应该是知识的促进者。实践性的教育理念直接体现了语言交流是教师间合作的最基本的沟通方式。与其他教育者交流思想、形成实践共同体、组建教师联盟、尝试合作反思教学，在这诸多实践的过程中都需要教师间的对话与合作。

---

① 张振新，吴庆麟．情境学习理论研究综述［J］．心理科学，2005，28（1）：125—127.

在前面的章节里，我们已经阐述了乡村学校校本研修制度下，教师在教学中进行行动研究，在研究中改进教学，是教学与研究的内在融合思想。教师的智慧来自教学实践，需要发挥教师的主体性和能动性。教师通过不断反思和探索而形成的属于个体的实践性知识体系，有利于完善教学实践，实现专业化发展。

近年来，东简中学围绕教师专业化发展这一主题，狠抓校本研修的关键环节，采取针对性措施，深化校本研修制度的改革，为教师提供一体化的校本研修模式，以增强教师的终身学习理念。教师可以以任何方式进行校本研修，可以自主决定通过何种途径、利用何种资源进行学习，以有效保证终身学习的进行。

东简中学以“实践共同体”的教育理念和现代社会学习理论成果为理论基础，强调教师的实践性知识是为了肯定其在教师专业化发展中的独特性和不可替代性。教师需要在不断提升专业素养的过程中发现自己的优势所在，在常态的工作中增强自尊和自信。教师要将所拥有的教育学知识与教育实践工作相结合，利用新学到的理论知识在自己的教育实践中形成实践性知识。

1. 提供高水平的研修平台

校本研修制度确保学校为教师提供高水平的研修平台——研修工作室。在过去的学校发展规划里，教师的发展空间仅局限于课堂和讲座培训。在学校校本研修制度的规定下，教师的发展平台实现了质的飞跃，学校进一步开发了创新高端教育人才的校本研修模式，提高了研修教师团队的科研能力和创新水平，着力培养了一批在乡村学校有影响力的学科带头人。同时，充分发挥外来专家的引领、辐射作用，对外吸纳优秀的青年教师加入学校的研修工作室中，也鼓励更多的教师参与到研究、交流与科研活动中来，旨在使他们在短期内提高研修能力，成为研修的创新者和开拓者。目前，工作室由学校支持经费，由学科带头人牵头，学校已有部分教师参与到研修工作室当中。

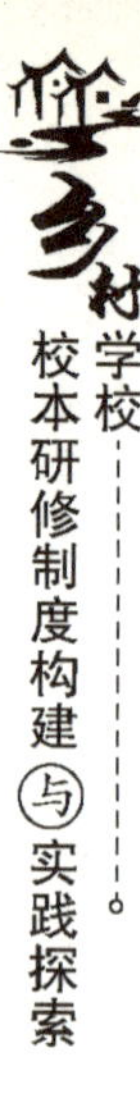

2. 摆脱教师群体的“学习孤独处境”

涂尔干在其名作《社会分工论》一书中提出，社会生活有两个来源：一是个人意识的相似性，二是社会劳动分工。在这种社会里，集体意识完全覆盖了个体意识，人们之所以能够联结在一起，是因为每个人都是相似的，“我们与我们的群体完全是共同的，因为我们根本没有自己，而只是社会在我们之中生存和活动”。①

我国新课程改革倡导合作式的教师专业化发展，由此，东简中学在校本研修制度中对教师团队的合作提出了明确的要求，以新建教师间的同伴互助形式来改变他们的工作方式，改变教师独来独往的教学现状，使教师摆脱“学习孤独处境”。教师合作在校本研修中体现得最明显，它深深融入教师的日常工作中，与教师的专业化发展、学习和教学密切相关。学校构建了系统的研修体系，为教师合作提供了支持性平台。教师围绕教学实践，有组织地开展观课议课、公开课、师徒结对、校本课题研究等一系列的教师合作活动。校本研修强调独特的情境脉络，教师合作呈现出特殊的现实表征。比如，某位教师在进行研修时，他不是一个人“单打独斗”，而是有一个教师团队在背后支持着。一个成功的课例不仅仅是一位教师努力的成果，而是由整个团队共同研究出来的，凝聚着广大优秀教师的教学智慧。教师能在这种研修活动的合作中相互学习，共同发展。

3. 强调教师知识的积累、共享与创新

在校本研修制度的指导下，在教师合作互助阶段，教师在教学实践中获取的知识应通过积累、共享和创新等过程进行管理。这需要教师改变以前那种封闭、固化的思维，以开放、批判、发展的思维来面对。

基于知识管理的校本研修的核心是知识的共享与创新，知识的“雪球效应”让教师的知识不会因过多的应用而磨损减少。相反，知

---

① ［法］埃米尔·涂尔干．社会分工论［M］．渠东，译．北京：生活·读书·新知三联书店，2013：90.

识只有在相互交流中才能得以发展，从而实现知识的增值。

总之，在校本研修中，每位教师都有自己的知识发展方式，能给团体带来不同的独特见解，优化整个教师队伍的知识库，使得教师在交流中将个体的知识与经验转化成团队的知识与经验，最终实现个体的专业化发展和知识共享。

4. 注重教师的发展性评价

在校本研修制度的指导下，教师需要不断学习，以获得持续的发展。在得到发展性评价后，教师更得立足现在，兼顾过去，面向未来，在工作中奋进，眼光看得远，从而实现自我的动态发展。

发展性评价因具有以促进教师发展为目的的鲜明特点而引起了国内外广大教育工作者的关注。它是一种以教师为核心、注重教师个体发展的评价，不仅注重教师的当下表现，更注重教师的未来表现，把教师的发展看成一个动态发展的过程，重在促进教师的不断成长。它将形成性评价与终结性评价有机地结合起来，使教师的发展过程成为评价的组成部分，而终结性评价结果随着改进计划的确定亦成为下一次评价的起点，进入教师的发展进程中。以这样一种发展的、动态的、注重过程的评价方式为引导，能促使教师产生终身学习的愿望并有效促进教师开展终身学习。同时，它更多地关注教师的需要，可以激发教师的内在发展动力，促使其不断进步。

（二）发挥教师的主观能动性

1. 乐观向上的工作态度

在校本研修制度的指导下，教师在研修过程中关注的不仅是知识学习，还有倾听、阅读、反思等行为学习。一般来说，教师非教学的学习性行为都会被认为与工作无关，所以人们通常认为，教师要提高教学水平，应参加在职进修班或周末培训，因此，大多数时候教师的教育思想往往是在被动条件下形成的，种种惯性思维也导致教师的主体精神没能得到有效的发展。而校本研修制度从每位教

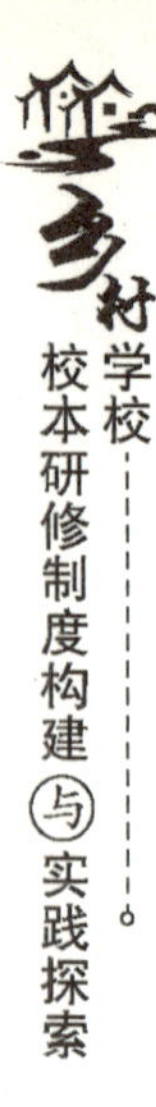

师的成长出发，使教师的研修工作总是体现着学校文化的融合、教育精神的构建，充满着研究性与创造性。

从某种意义上说，教师的研修工作就是教师的研究。这种继续教育的研修模式现已成为教师教育实践中的一种方式，更体现着教育的根本意义。将教师作为校本研修的主体，肯定了教师在学校发展中的地位，对于教师来说，这种主体意识带动了乐观向上的工作态度。教师专业化发展是一个连续的过程，校本研修活动强调以开放、对话、交流、分享的形式进行，更突出了教师乐观向上、积极参与的工作态度。

2. 积极主动的自学行动

在校本研修制度的指导下，教师在研修过程中表现出来的状态是以积极主动的行动去争取更多的自学机会。教师一旦有更多的机会去自学，就会提高自学能力和综合素养。

在“茶馆式座谈”校本研修模式中，教师通过读、议、讲和练等活动形式，以校本研修的实践为依据，就研修的内容、方式、收获等方面分享心得体会。在整个茶馆式座谈的研修过程中，教师不受任何条条框框的束缚，谈吐自由，毫不拘束。有时教师不谋而合，相互补充；有时教师也会为一个问题争论得面红耳赤、相持不下；有时教师紧锁眉头，默默静思。总之，教师像茶客一样，思维非常活跃，学得生动活泼，使校本研修变得常态化、生活化。

3. 敢于挑战的精神风貌

自校本研修制度实施以来，教师对校本研修由陌生到逐渐熟悉，形成了敢于挑战的精神风貌。从研修课题的确立到开展，都是教师自主进行的，充分体现了教师的勇气与自主性。

教师的专业化发展立足于校本研修，一改大众对教师的传统观念，教师不再是“教书匠”，而要跟上时代发展的要求。专家型教师是学校鼓励每位教师努力追求的目标。校本研修将教师的教学、研究和进修三者融合在一起，使教师经历一个主动行动、不断反思、合作互助、交流分享的过程，并在这一持续的过程中逐渐完善教学、完善自我。

（三）培养教师的反思意识和课程设计能力

1. 激发反思意识

有人认为，反思是立足于自我之外的批判性地考查自己的行动及情境的能力，使用这种能力的目的是促进以职业知识而不是以习惯、传统或冲动的简单作用为基础的令人信服的行动。在校本研修中，教师不断把思维付诸行动，在反反复复的行动研究中成长与进步，而教师的实践实际上就是一种反思性实践，是"思"与"行"统一的活动。教师必须凭借着自己对教育教学的理解和领悟，对灵活多变的情境创造性地做出自主判断和选择。

校本研修要求教师反思的内容包括分析、评价教学活动本身的利与弊以及影响教学活动的因素；分析、考虑与学生发展、能力培养相关的一些因素，包括学生的学习成绩、学习兴趣、学习方法、人格发展等；分析、促进自己的专业化发展；等等。

总之，教学是一种情境性的实践，具有复杂、多变、不确定的特点，教师不是单纯的知识传授者，而是在行动中选择与思考的反思性实践者。

2. 提高课程设计能力

在校本研修中，教师在教育教学实践中反思，在行动中认识所执教学科课程的综合知识，并且不断发展、丰富自身的知识。教师在不确定、不稳定、独特和冲突的情境中，能借助教育教学的行动反思和认识来发现问题和解决问题，将所积累的经验以教学课例的形式保存在自己的"课程资料库"中，从而提升自己的课程设计能力。在遇到类似的情境时，这些以教学课例形式保存下来的实践性知识就会发挥作用，并在不断实践和反思的过程中得到丰富和发展。

校本研修中教师的课程设计能力着眼于实践性知识的积累与构

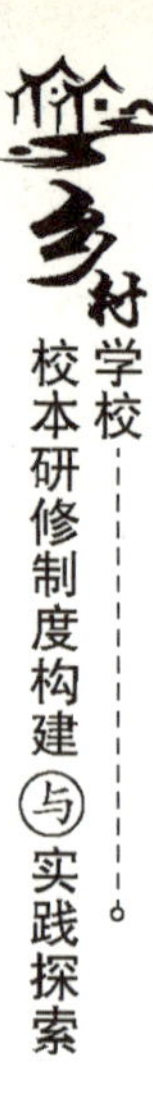

建。它既重视学科知识的价值，更关注教师的经验、体验、情意、信念，一切都是为了教师更好地教学。

（四）开阔教师的知识视野

在校本研修中，教师可以丰富的知识包括“主业知识”和“副业知识”，其中，“主业知识”主要包括学科知识、教学法知识、课程知识，通过校本研修可形成相应的知识体系，具有明显的教师职业群体类的知识特征；“副业知识”则包括教师个人的教育信念、教师对自我的了解和调节意识、教师应对多变的教育情境的教学机智、教师在日常行动中展现出来的批判反思精神等，是在个人经验基础上构建起来的、不能明确表述的内隐知识，是教师个体在实践过程中经过与环境的互动，在不断反思的基础上逐渐生成的，是教师个人所拥有的独特知识，具有较强的情境性。

第四节　东简中学校本研修制度下的教学管理变革

乡村学校校本研修制度与传统校本培训制度相比有了很大的转变。为了保障乡村学校校本研修的顺利开展，必须健全和完善相应的研修制度。下面从组织管理制度、教师教学研究制度、评价与奖惩制度三方面介绍东简中学校本研修制度下的教学管理变革。

一、校本研修中的组织管理制度

（一）成立研修小组

校长发挥带头的作用，邀请多位校本研修专家参与，利用各方面的资源成立了校本研修工作组，其主要成员有校长和副校长。学校中任何一位教师都可以加入，试点研修的教师代表则是由教师举荐和自荐产生的。

（二）健全教学组织

学校针对各年级的情况建立了初一、初二、初三教学研修组，并规定每周召开一次会议，集中研修每阶段教学中的主要问题，探讨改进教学的有效措施。

二、校本研修中的教师教学研究制度

基础教育的发展史上并未明确提出过中小学要承担促进教师教学研究的职责。学校的校本研修制度中则明确了教师教学研究制度，规定教师的教学研究不再仅由教师自己负责，学校也要负责。学校遵循“学者必为良师”的管理理念，在校级层面提出了制度化的教师教学研究制度，旨在发展教师的教学研究能力。那么，教师教学研究制度究竟是怎样的呢？

（一）渐进式学习

在校本研修过程中，教师的学习是渐进式的。首先通过自学指定图书、撰写教案论文、相互定期听课、填写文摘卡等活动，在工作岗位上开展学习活动。与校本研修模式接轨后，立刻建立训后联系制度，让受训教师与校本研修方面的专家学者直接交流，使参与校本研修的教师将个人学习与团队学习相统一。

（二）设置活动机制

校本研修的内容是依托于研修制度展开的，因此建立合理、恰当、多样化的研修活动机制具有重要的意义。它不仅有利于校本研修工作的开展，而且有利于提高校本研修的效率和质量。对此，学校建立了符合自身特点的校本研修活动机制。

第一，邀请相关专家来校做讲座和给予指导。根据教师的实际需要，邀请教研员、教授来学校就校本研修的相关内容做专题讲座和报告，并针对教师存在的实际问题给予指导和帮助。

第二，组织课堂观摩和案例教学活动。在培训前期学习理论知

识的基础上，采取课堂观摩和案例教学这两种理论与实践相结合的方式进行培训。

第三，充分利用网络资源进行培训。学校利用校本研修的网络平台组织教师开展自主学习与探究学习，让教师根据自己的需要选择资源库里的知识进行学习，或进行实践操作等方面的练习。

（三）成立主题小组

学校组织教师成立了各种主题小组。比如，相同教学内容的教材研究小组，主要任务有定期研讨、轮流执教、相互听课、开展研讨；相同科研方向的科研协作小组，主要任务有开展相同课题的教学改革研究，相互督促检查实验过程，相互探讨总结实验报告；相同地域的学习互助小组，主要任务有交流研修成果，交流自学信息与自学体会；等等。

三、校本研修中的评价与奖励制度

评价和奖励制度是学校关注教师发展的动态过程，激发教师的工作动机的心理过程的表现。完善的评价和奖励制度，能使教师的工作积极性增加，从而提高工作效率。

（一）评价机制

校本研修评价主要侧重于对研修活动数量的考核，并致力于形成一套完整的、科学的、规范的评价体系。

教师校本研修的评价指标体系

一级指标	二级指标
专业情意	1. 体现教师的职业理想和敬业精神。
	2. 体现教师的团队合作精神与交流意识。
	3. 体现科学的教学观与学生观。
	4. 体现教学态度与行为的优化。
	5. 提高自我专业化发展的规划能力。

（续表）

<table>
<tr><th colspan="3">一级指标</th><th>二级指标</th></tr>
<tr><td colspan="3" rowspan="5">专业知识</td><td>6. 更新教学理论知识。</td></tr>
<tr><td>7. 正确解读新课程标准。</td></tr>
<tr><td>8. 正确运用学科教材与教案。</td></tr>
<tr><td>9. 科学拟订学科课程教学计划。</td></tr>
<tr><td>10. 提高开发与整合课程教学资源的能力。</td></tr>
<tr><td rowspan="21">专业能力</td><td rowspan="21">教学能力</td><td rowspan="5">教学设计能力</td><td>11. 学情把握准。</td></tr>
<tr><td>12. 教学目标合理。</td></tr>
<tr><td>13. 教学方法选择恰当。</td></tr>
<tr><td>14. 教学设计逻辑明晰。</td></tr>
<tr><td>15. 预测课堂教学生成能力高。</td></tr>
<tr><td rowspan="6">教学实施能力</td><td>16. 教学语言技能提高。</td></tr>
<tr><td>17. 教学讲解技能提高。</td></tr>
<tr><td>18. 教学提问技能提高。</td></tr>
<tr><td>19. 教学机智提高。</td></tr>
<tr><td>20. 教学演示技能提高。</td></tr>
<tr><td>21. 教学媒体选用技能提高。</td></tr>
<tr><td rowspan="5">调控教学过程能力</td><td>22. 教学导入技能提高。</td></tr>
<tr><td>23. 教学强化技能提高。</td></tr>
<tr><td>24. 课堂组织管理技能提高。</td></tr>
<tr><td>25. 引导学生试误技能提高。</td></tr>
<tr><td>26. 教学结束处理技能提高。</td></tr>
<tr><td rowspan="5">教学评价能力</td><td>27. 协调师生关系能力提高。</td></tr>
<tr><td>28. 对学生学习评价能力提高。</td></tr>
<tr><td>29. 对自我课堂的反思评价能力提高。</td></tr>
<tr><td>30. 对他人课堂的评价能力提高。</td></tr>
<tr><td>31. 提供教学改善建议的能力提高。</td></tr>
</table>

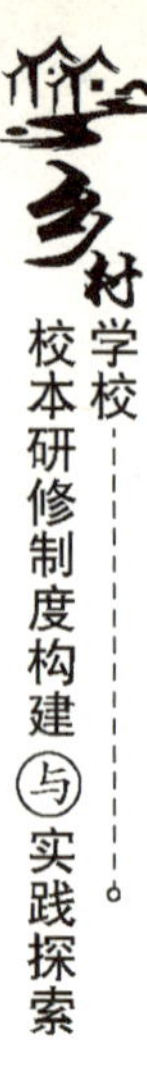

(续表)

一级指标		二级指标
专业能力	教研能力	32. 辨析真问题能力提高。
		33. 收集和整理教学信息资源能力提高。
		34. 调查分析能力提高。
		35. 制订问题解决方案能力提高。
		36. 实施研究与反思、改进能力提高。
		37. 撰写教研成果能力提高。
		38. 课程开发能力提高。
	创新能力	39. 创新教学能力提高。
		40. 培养学生创造学习能力提高。

（二）评价中应遵循的原则

对教师在校本研修中的表现进行评价时，应当遵循以下几项原则。

1. 公正原则

教师校本研修的质量评价工作基本上由校长（或副校长、主任）承担，校长考评的结论要交由教师本人审阅、签字后才能生效。如果校长和被考核教师的意见相左，就要进行全体教师投票，以保证质量评价的过程就事论事，考核结果公正。

2. 客观性原则

参与校本研修的教师均需填写《校本研修活动评估表》，评估主要针对教师的个人素质和职业素质，包括课程知识、教研能力、课堂管理、与家长交流的能力、课外活动的组织能力等。评价的内容是在完成校本研修目标的前提下，教师根据自己的能力设定的，是指导教师工作的一个蓝图。评价时以教师工作为重点，不将与工作无关的因素带入评价工作中。

3. 重视反馈原则

评价时间为一个学期或一个学年，部门主任就评价内容针对那些没有取得进展的工作与相关教师进行商讨。年终绩效考核之后，还要与教师进行面谈讨论，把结果反馈给教师，同时听取教师的意见及自我评价情况，对存在的问题予以修改，达到互相信赖的关系。

（三）奖励机制

制订奖励机制，能传达一种信息，建立一种导向，让教师崇尚校本研修，让更多的教师投身于校本研修之中，激活每一位教师潜在的研修能力。

1. 荣誉奖励

学校制定了校本研修荣誉奖励条例，对于在各类教育报刊上发表文章的、在论文比赛中获奖的教师，都按等级进行奖励。另外，根据教师的研修能力和水平评选“骨干教师”“研究型教师”“专家型教师”“十佳研修能手”等并给予奖励。

2. 情感激励

情感激励是指在教师中间形成和谐、温暖、尊重和信任的情感氛围，使他们在研修中保持愉悦的心理状态，形成一种融洽的人际关系。校长及其他学校领导要理解、体贴、关怀和帮助教师。校长作为第一责任人和教师的教师，是校本研修的带头人，要与教师坦诚相待，发扬民主精神，与教师打成一片，以民主、合作、宽容的态度与教师交往，使学校形成一种共同研修、共同进步的良好氛围。

3. 评价激励

对校本研修的过程和成果的评价本身就是一种激励。校本研修过程中，教师要建立及时、多样、灵活的评价机制以激励教师的研修行为。学校设立专门的组织（如学术委员会）进行跟踪评价，在研究课题的确立、研究方法的采用、研究步骤的形成、研究结果的预测等方面及时给予帮助和引领。

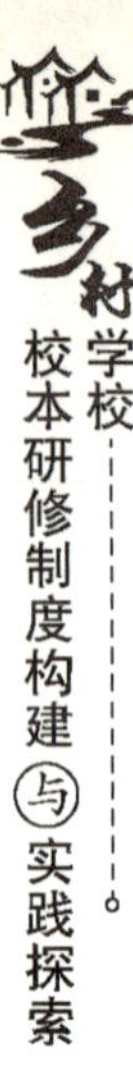

4. 职称奖励

为了调动教师进行校本研修的积极性，学校与当地教育行政部门合作，增加激励措施，将教师研修的成果作为教师职称晋升、考核、奖励的一个重要依据。这样不仅可以促进教师提高自身的专业水平，也可以增加教师参加校本研修的动力。

总之，无论是校本研修的评价机制、原则，还是奖励机制，都为学校加强对校本研修的监测与评估提供了测量方式。这是对校本研修质量的基本要求，是对参与校本研修的教师的基本规范，也是引领学校校本研修质量向纵深方向发展的基本准则。

第四章

DI-SI ZHANG

东简中学校本研修制度的实践效果

第一节　促进教师专业化发展

近年来，乡村教师的专业化发展成为社会关注的热点，不仅舆论广泛呼吁关注乡村教师群体，国家也出台了不少扶持政策以保障乡村教师的权益。

2015年国务院办公厅印发《乡村教师支持计划（2015—2020年）》，提出聚焦乡村教师队伍建设最关键领域、最紧迫任务，打出“组合拳”，多措并举，定向施策，精准发力，标本兼治，加强培养补充，提升专业素质，提高地位待遇，不断改善乡村教师的工作生活条件的要求。此外，要求全面提升乡村教师能力素质；保障经费投入，确保乡村教师培训时间和质量；按照乡村教师的实际需求改进培训方式，采取顶岗置换、网络研修、送教下乡、专家指导、校本研修等多种形式，增强培训的针对性和实效性。从2012年起，东简中学校本研修计划正式启动，集中解决学校教师的专业化发展问题，鼓励乡村教师在职学习深造，提高学历层次。

2016年7月，国务院印发了《关于统筹推进县域内城乡义务教育一体化改革发展的若干意见》，针对“乡村弱”的现实，提出了推进学校标准化建设、均衡城乡师资配置、提高乡村教师待遇等一系列举措。可以毫不夸张地说，教师的专业化发展不仅是社会发展的客观要求，也是教师实现自身发展价值、追求卓越能力和实现理想的重要因素。东简中学教师当前的专业水平受教育环境的影响，无法获得足够的专业知识与专业技能；教师的专业结构不太合理，教师提高学历的方式主要是通过函授、自考等非全日制形式获得，无法习得足够的专业知识为教学行为服务。因此，乡村教师获得职后专业教育的机会显得尤为需要。针对这一情况，东简中学通过校本

研修的方式，使教师集中、系统地进行专业化学习。

一、教师引领性研修

教师引领性研修是指教师在学校提供的有效环境下学习、研究，是具有导向性的一种在校研修方式。引领性研修不关注如何将大量的内容灌输式地强加于教师，重心更多地放在如何引导教师充分利用多样化的研修资源以及如何在学习上给予教师支持上，强调为教师提供沟通、协作的机会，鼓励同伴互助、共同成长，注重提高教师参与讨论、积极思考、分析问题、解决问题的能力，在校本研修的过程中使每位教师都具有引导和带领的作用，把握校本研修的主动权。

（一）教师引领性研修的内涵解读

教师引领性研修是东简中学随着校本研修的深入推进而提出的一个崭新概念。要想准确界定教师引领性研修的内涵，必须首先认识和把握教师研修和教师专业的基本内涵。

1. 教师研修和教师专业的内涵

比较“教师研修”和“教师专业”，“教师专业”这个概念出现得更早。对于教师专业的内涵，学术界存在着不同的看法。有学者在构建理论模型和系统分析文献的基础上，归纳出“教师专业”内涵的三个维度。[①]

第一个维度是“教会学生学习”。学生只有通过学习才能获得发展。在心理学上，学生发展是与学习联系在一起的，发展与学习构成了基本的因果关系，学生只有学习了，才能发展。显然，教师专业就在于教会学生学习，从而使学生获得发展。在这个维度上，我们至少要回答三个问题：一是如何教会学生学习，二是教会学生如

① 朱旭东．论教师专业发展的理论模型建构［J］．教育研究，2014（6）：81—90.

何学习，三是教会学生学习什么。在教师专业化发展实践中，教师要经历“学会教学”“会教”和“教会学生学习”的过程，教师先“学会教学”，然后“会教”，最后“教会学生学习”。其中，“教会学生学习”是“学会教学”和“会教”的升华。

第二个维度是“育人”。尽管人离不开一定的生理、遗传等基础，但人是教育出来的。“育人”是教师专业必不可少的内涵。当然，这里理解的“人”是一个“完整的人”，其完整性表现在“认知和情感”“道德—公民性”“个性、社会性和人格”“健康和安全”及“艺术和审美”上。同时，“育人”又与“教会学生学习”紧密联系在一起，没有单纯的“教会学生学习”，只有“育人”的“教会学生学习”才具有教师专业的真正内涵。

第三个维度是“服务”。在“教会学生学习”和“育人”专业内涵的基础上，教师专业还必须有“服务”的内涵。教师是学校组织的成员，任何一个组织都有服务的需要。这里所说的服务是指向专业内的，教师不仅要对学生服务，还要对学校服务、对同伴服务。如备课组组长、年级组组长、教研主任、科研主任等学校内部的专业服务职位，它们不是行政级别，而是专业组织中的专业职位。同时，高度制度化和科层制化（资格制度、职称制度、荣誉制度、教研制度、政治制度等）制约着教师的专业化发展，所有这些制度都将使教师处于服务的要求当中。“服务”将会在“教会学生学习”和“育人”的基础上表现出来，同时会为满足政治制度和教师发展制度的需要提供服务，如支教、城乡交流等。

教师研修，不是一个层次的学历教育，不与研究生教育的学历、学位挂钩。它不是“申请学位班”，也不是“研究生班”。在乡村学校中，教师研修是指以固定在就职学校，通过学校对人才的培养方向确定的，以促进本校教师、学生和学校的发展为本，以结合本校和教师本人的教育改革实践开展研究性学习为基本方式的研修。教师研修，直接以教师为主体，以包括专业人士和学校领导在内的研

究性团队为组织依托，意在提高教师对教育行为的悟性，最终实现校内教师的专业素养和教学能力的提高。

2. 教师引领性研修的内涵

从动态的角度来看，教师引领性研修是一个流动的立体过程，分为教师自主学习、教学实证实践、教育创新科研三个动态过程。从静态的角度来看，教师引领性研修是指在职人员学习系统课程的教育理论、专业知识与能力实践的一种教育发展形式。实施教师引领性研修的基础主要包括三个方面：一是学校提供的客观环境；二是教师的主观求知意识；三是教育教学实践的发展过程。在教师引领性研修中，这三个方面的平衡动态过程都是必不可少的。如果单纯强调学校的客观环境因素，或单纯强调教师的主观求知意识，抑或是单纯强调教育教学实践的过程，都不可能真正实现教师引领性研修。只有这三个方面相互配合、相互交融和相互促进，才能为教师的引领性研修提供良好的主客观环境，才能达成教师研修的良性效果。

在引领性研修中，教师个体与教育行为发生相互作用，在不断否定中提高自我，在不断肯定中增强教学信心，从心理上产生教师职业的归属感。正视校本研修能使教师在不断学习与实践的过程中，利用学校提供的研修资源，促进自身的成长。

（二）教师引领性研修的基本特征

1. 以教育教学实践为基础

新课程改革对教师的专业化发展提出了新的要求，在促进学生主动、合作、探究学习的同时，教师自身如何发展，不仅是一线教师非常关心的一个实际问题，也是教育研究界所面临的一个重要的理论问题。“实践出真知。”教师参加研修的直接目的是使自己的学科知识得到补充、更新与提高，巩固教师专业的本体知识，这也是引领性研修的基础和前提。引领性研修最突出的特征就是教师的研修活动基于教育实践。教师只有真正保持对教育实践的热忱，并进行思维转化，才能将其内化为教育认知，并且充分了解知识与实践的内在联系，真正从教育实践者走向教育研修者。

教师实践思维的形成不是一蹴而就的，而是每一个教师在其所在的学校文化氛围之中与其他教师通过共同分享一道形成的。

2. 研修手段灵活

东简中学借鉴城市学校的校本研修模式，改变过去只重视课堂教学的单一培训方式，采用灵活多样的研修手段，从强调教育理论研修转变为强调教育理论与课堂教学有机结合的研修，通过主题课堂授课、专题系统讲座、课下自主学习、同伴学习讨论、教学案例分析、情境模拟、专题调研、名校观摩、跟岗学习等方式，把理论学习与实践学习结合起来，充分体现了教师在研修中的主体地位，激发了教师自主参与的积极性。学校还为教师提供多媒体、投影仪、远程网络等先进的科技手段，通过互联网拓宽研修空间，建立远程教学体系，节约了培训成本，提高了研修效率。

3. 开展活动多样化

为了提高教师校本研修的质量，东简中学采取将教师分层、分班的形式，基于学校资源的实际情况，结合教师学科、年龄、专业能力水平等差异组织教师进行有效的研修。如此一来，就满足了不同教师的学习需求，提高了校本研修的针对性。学校在针对教师的专业能力发展开展引领性研修时，也根据教师的具体情况进行了分层：对年龄较大、研修能力相对较差的教师，着重进行了教育理论知识普及和提高教学技能方面的培训；对教学技能熟练的教师，着重进行了将教育科研应用于学科教学实践的培训，以此带动中间层面的教师积极参加研修。另外，为了应对在硬件资源供需方面的不平衡，学校采取分组轮流研修的方式，解决学校开展大范围教师集中培训与学校正常教学时间之间的冲突问题。比如，在学校的网络

教室和多媒体教室数量不足的情况下，将参与研修的教师分为两组，错开利用网络教室、多媒体教室等资源的时间段，保障了研修资源的有效利用。

4. 时间安排人性化

东简中学校本研修的时间具有弹性，针对不同学科教师的研修内容进行合理“错峰”。学校将教师分为文科与理科两个组，邀请不同的专家针对文、理科特定的学科内容进行研修指导。在观摩课例、学习新内容时，只给教师安排与他所教的学科有关的内容，在时间上具有相当大的弹性，使教师能够有更多的时间和精力学习与自己所教学科相关的教育教学理论与技能，从而有效地提高了教师研修的针对性及掌握内容的效率。

（三）教师引领性研修的要求

教师引领性研修的要求主要表现在以下四个方面。

1. 提高专业能力

教师必须具备解读教材文本和其他有关材料及采用某种特定方式从事教学活动以实现教学目标的专业能力。是否具有所教学科的专业能力是衡量教师水平高低的关键因素，专业能力主要包括教学设计能力、教学组织能力、教学评价能力。

2. 具备科研能力

教师的科研能力具体来说就是科研选题能力、教学设计能力、案例操作能力、撰写教育文体文章能力、客观评价科研成果能力“五位一体”的集合。提高教师的科研能力是适应知识经济社会发展、深化素质教育改革和推动教师专业化发展的需要的。科研能力的提高可贯穿在教师的整个教学过程中。它是指以教学中的教育现象和教育问题为对象，运用教育教学知识开展研究的能力。中小学教师是服务于义务教育的一线人员，较高的科研能力将有利于教师发现和解决自己教学中存在的问题，进而促进我国义务教育的发展。教师利用校内丰富的资源，在自己所教的学科领域内开展适当的科学研究，为地方经济的发展贡献力量，使学校的科研职能进一步加强。

3. 学会自主学习

在当今信息发达、知识更新飞快的时代，只要有自主性，任何人都可以觅得自己需要的学习资源。而教师一直被视为智慧的代表，更需要源源不断地进行知识补充，才能够使自己的素养完全胜任教育工作。中小学教师面对的是在生理、心理方面均不成熟的学生，这些学生往往具有较强的可塑性和思维灵活性，这就对教师的自主学习能力提出了更高的要求——具备自我反思能力、知识整合能力等，学会在海量的知识中选择自己需要的资源，提高自己的实践能力，能将新知识纳入自己已有的知识体系中。

4. 提高创新能力

创新能力是指教师在现代教育观的指导下，进行教育教学和科研实践的探索，从而形成积极有效的新理论、新方法的能力。中学阶段是学生的思维习惯、行为方式的养成期，教师若能拥有创新能力，在给学生传授学科知识的同时加强学生的创新意识和创新能力，就会更好地体现新的学生观的要求。目前，乡村教师的创新能力还处于发展的低级阶段，往往没有成熟的理论与经验，这就需要乡村教师积极参与校本研修，并在自己的工作岗位上进行创新性教育教学和科研探索。

（四）教师引领性研修的能力培养

教师良好的引领性研修能力是在教育实践中逐步培养起来的。

1. 要树立崇高的职业理想

“理想”一词最初来源于希腊语“ideal”，是指人生的奋斗目标。教师的职业理想是在教师的教学实践和教育行为中产生和构建的，是教师特有的一种精神现象。它既不是教师头脑里固有的，也不是凭空出现的，而是教师在教学实践活动中对一定教育情境、教育现

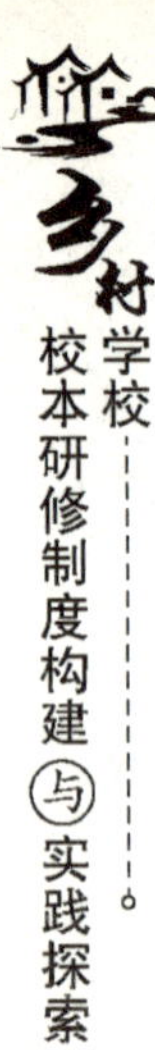

象的反映。

引领性研修能够引导教师重新构建职业理想，使教师更加慎重地考虑职业理想的价值及其和所处教育现实之间的内在联系，理智、客观地认识自身的发展需要、社会环境的需要。自古以来，无论是我国的“万世师表”孔子，还是西方的“众师之师”苏格拉底，都将自己的一生默默奉献给了教育事业，从而成就了自己的教育理想。其光辉的师德形象一直为后人所敬仰，是21世纪新型教师应学习的榜样。现代教师要学会树立崇高的职业理想，不仅要有向往美好事物的热情、理性认识现实的能力，而且要遵循理论联系实际的原则。教师要热爱教育事业，从潜意识里欣赏和爱这份工作，在实践中不断成长，通过校本研修提高自己的职业道德品质。

2. 要锻炼坚强的意志

当代存在心理学大师、美国心理分析家罗洛·梅曾指出：“意志和抉择的矛盾，是我们这个过渡时代心理动荡的一种不可避免的表现。我们意志和决策力的固有基础，已经遭到彻底的不可挽回的破坏。可笑的是（如果不说可悲的话），恰恰在这样一个万方多难的时代，当技术力量如此过分地膨胀，意志和抉择显得如此关键的时候，我们却发现自己缺乏任何新的意志基础。”① 而坚强的意志，是对教师职业属性和教师在思考时的调节行为、克服困难的能力等提出的要求。它是教师人格中坚定和坚持的表现，是为了实现一定的教育信念而做出的自觉而顽强的努力。

教师在发展过程中会遇到种种来自社会、学校、家长甚至学生的挑战或威胁，而这些都考验着教师的意志。

3. 要养成良好的人格品质

对于人格的概念，西方多从心理学角度来阐释。在《简明不列

---

① ［美］罗洛·梅．罗洛·梅文集［M］．冯川，陈刚，译．北京：中国言实出版社，1996：212.

颠百科全书》中，对“人格”的解释是“每个人所特有的心理生理状态（或特征）的有机结合，包括遗传的和后天获得的成分，人格使一个人区别于他人并可以通过他与环境和社会群体的关系表现出来”。对教师而言，良好的人格品质是指教师在工作中所表现出来的理想的教师人格，以及正确的世界观、人生观、价值观，其前提是不断地自我反省，加强自我认知，从而弥补不足、完善自我。曾子曰：“吾日三省吾身。”教师首先应该每天反思自己的言行举止，以学生的利益为出发点和落脚点来审视自己；其次应该站在他人的立场上来看待自己，想一想领导、同事、朋友、学生会对自己做怎样的评价。

4. 要生成浓厚的专业情意

教师素质是教师拥有的教学情意的知识、能力和信念的集合，是在教师具有优良的先存特性的基础上经过正确而严格的教师教育所获得的。教师在校本研修的过程中，不仅需要专业知识的补给，更需要发自内心地意识到教师的崇高使命，热衷于教育事业。当然，教师的专业情意并不是与生俱来的，而是在教育实践的过程中逐步形成的。专业情意一方面来自教师在职前教育中对专业形成的认知与憧憬，另一方面则通过在职培训、教育实践等深化自己对教师专业的情意。东简中学的校本研修是教师重构专业情意的重要活动，学校引导教师构建清晰的、理想的专业情意，不断与时俱进，努力探索与追求，让这种情意成为教师从事教育行为的支柱和内驱力。

二、教师发展性研修

（一）教师发展性研修的内涵解读

近年来，随着新课程改革的进行，促进教师的专业化发展成了教育领域的核心议题之一。教师发展性评价、教师继续发展、教师专业研修等概念在学术界逐渐被认同，实践活动也如火如荼地进行

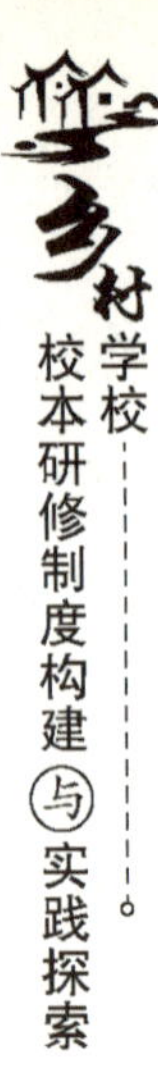

着。在校本研修制度的支持下，学校能从根本上促进教师的发展性研修。

所谓发展性研修，是指教师在个体内在专业需求或意识的指导下，在校本研修的环境中，个体的专业知识、专业能力、专业情意、专业精神及专业成就等方面的持续发展，其终极目标是教师要发展到专业水平的顶端，成为研究型的专家。教师的发展性研修不仅仅是教师工作形成的动态过程，不能仅限于形成教师专业化发展那一刻的结果状态，而是一个纵向的川流不息的研修过程，即教师的发展性研修的过程就是教师个体与研修成员、环境等多种因素互为关联、相互促进的多维过程，是教师内在的专业性结构不断改善，教育理念和专业素养、学科专业知识、专业学习能力、自我专业意识和专业态度等方面持续提升的专业成长与动态发展的过程。

（二）教师发展性研修的基本特征

1. 提升教师的能力素养

有学者认为，能力本位的要义就是“要把能力视作权力、金钱（财富）和人的价值的本体，人的一切活动、一切关系和一切追求都要围绕如何充分正确发挥人的能力旋转，都要依靠人的能力的充分正确发挥来实现人的追求”[①]。教师的发展性研修注重教师的能力发展和专业素质的提升。一般来说，教师的能力可以从不同的维度进行分类，如从教育教学能力的角度来分，教师的能力可分为解读文本能力、教学应变能力、因材施教能力、教学设计能力、教学反馈能力等；从教师的自我提高能力来分，教师的能力可分为自主学习能力、教育研究能力、撰写教育论文能力、教学创新能力、培养创新学生能力等；从教育管理能力的角度来分，教师的能力可分为班级管理能力、行政管理能力、教学资源管理能力等。能力虽然是一

① 韩庆祥．“能力本位论”的理论价值与实践意义［J］．学习与探索，1999（2）：48—55.

个抽象的概念，于教师的具体教学行为而言却是一个需要不断注入新鲜活力的元素。传统的乡村教师培训往往缺乏对除了知识和技能以外的职业道德、专业情意、伦理道德、价值观念和教学理念等内容的关注。东简中学尤为注重开展教师发展性研修活动，既注重教师基础的专业性知识和教学技能，也突出教师能力特别是自我提升的能力，更强调教师能力与素质的均衡发展和整体提升。

2. 实现系统考核过程化

（1）定量考核

学期初教学周的星期日下午 2:30 至 5:30 为东简中学统一的教学综合理论的测试时间。由区教研员、大学教师、培训学院教授组织命题，由学校行政领导和培训学院巡考员组织考试，培训学院统一装订、评卷，最终将成绩反馈给校长。制度化的教学综合理论测试有效地推动了教师的学习，成为加速提升教师专业水平的加油站。

（2）定性评价

培训学院教授和学校行政领导分别对教师的研修档案袋进行检查。培训学院教授利用网络研修平台对教师的研修情况进行记录和考查，强化对教师个人学习研修过程的管理；学校行政领导对教师档案袋进行学期或年终评价，促进教师的学习积累。另外，学校定期召开研修成果会议，定时对教师的档案袋内容进行指导和点评，定期开展教师优秀研修档案袋的展评活动，以激励教师建设个性化、反思化、过程化的研修档案袋。

3. 注重理论与实践的双向研究

教师发展性研修以教育科研为先导，以理论为引领，以实践创新为取向。在教师的发展性研修中，要利用发展性研修的实践成果丰富教师的发展性研修理论，通过研修的理论成果引领教师的专业化发展，使研修理论与研修实践齐头并进。从当下的发展趋势来看，教师的发展性研修主要有以下内容：教师专业成长规律的内在结构

研究；教师发展性研修实现途径与评价的交互研究；教师内驱性与外驱性因素的策略研究；教师发展性研修的创新案例研究；教师发展性研修的行动策略研究；教师研修的发展性评价研究；等等。

4. 关注教师个体差异

1999年，我国教育部发布了《中小学教师继续教育规定》（以下简称《规定》），这是我国针对基础教育教师开展继续教育的第一个正式文件，也是指导我国中小学教师继续教育工作的重要政策依据。东简中学按照《规定》中“中小学教师继续教育应坚持因地制宜、分类指导、按需施教、学用结合的原则，采取多种形式，注重质量和实效”的指示，开展了具有针对性的校本研修课程。由于乡村教师的性别、年龄、受教育程度等情况参差不齐，因此校本研修课程的制订特别关注教师，对教师的学习目标、学习方法、接受能力、理解问题能力都有清晰的认识。

基于此，东简中学在开展校本研修前对学校教师的研修需求进行了调查，通过问卷的形式了解了乡村教师的发展需要。结合调查结果，东简中学在校本研修课程中关注主题授课、关注知识盲区、关注课程的分类和课标课程化，引导教师有针对性地进行研修、学习与实践，关注教师的差异性、多样性、多层次性，让教师有更多的选择机会。

第二节　实现学校跨越式发展

一、规范为本，夯实基础

在我国中小学的发展历史上，乡村学校的校本研修是一个较为新鲜的事物，不少学校都在探索与发展符合本校实际的研修方案。

东简中学也在积极创造学校的校本研修制度，引导教师自觉投入研究性学习中，并将生活化学习作为乡村教师职业生活的另一种方式。由于地区教育资源不平衡，探求适应本校的教师研修方式就成了学校不断追求的目标，旨在使研修管理不断规范，夯实教师学习的基础。

东简中学的研修方式以专项研修为主。由于乡村教师在职的专业继续教育并未直接受到教育政策的支持，为了改变教师专业化发展仍缺乏稳定的支持的情况，学校明确重点，将教师的研修机会作为工作的首要任务，积极地向地方主管教育机构申请专项资金，调动学校可供教师研修的款项，开展校本研修活动，并将研修规则常规化，建立了具有系统性、可操作性的校本研修机制。

总而言之，校本研修制度之所以能被视作一种规范，是因为它是在学校发展的主流意识形态的基础上土生土长起来的一种制度形态。它能够引导教师校本研修的方向，是一种在任何乡村学校的主流意识形态里都适用的基本的校本文化。同时，由于它在教育的意识形态里代表着某些特定行为的趋向，所以教师将此作为教育实践互动的条件与前提。作为学校中的一个人，只要他进入了学校的环境内，便会不可避免地、自觉或不自觉地被潜移默化为一个“学校人”，践行着学校的规约。

二、特色为先，提升品牌

《国家中长期教育改革和发展规划纲要（2010—2020 年）》指出：“树立以提高质量为核心的教育发展观，注重教育内涵发展，鼓励学校办出特色、办出水平，出名师，育英才。”从中可以看出，特色是学校发展的品牌核心，学校应以打造学校品牌为出发点，办出特色。

李和平的《品牌经营与管理》一书中，将品牌的经营分解为品牌名称、品牌定位、品牌形象、品牌个性、品牌质量、品牌价值、品牌文化、品牌维护、品牌延伸、品牌资产、品牌传播等部分进行

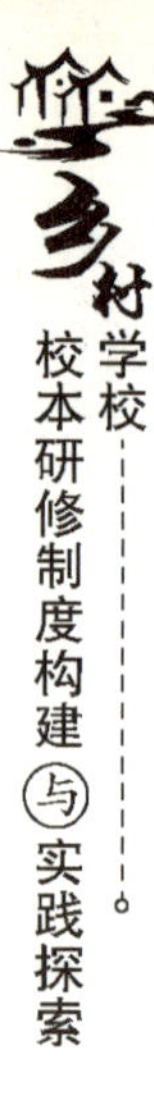

研究。品牌实战专家杨光和赵一鹤将创建品牌分为七个步骤，即找准品牌的核心价值、建立管理品牌的组织、起一个好的品牌名称、建立鲜明的品牌识别系统、品牌整合传播规划、丰富消费者对品牌的体验、管理品牌资产。同样，学校要发展，也必须朝着品牌化的方向，建设品牌学校，使学校中的人都得到发展，而且是一种深刻的、品位化的发展。针对学校所处的改革时代，学校品牌建设的主体应当理性地看待学校自身的各种条件，根据学校的校本内容和研修方向，使学校品牌化发展的道路更加平坦。

校本研修制度的健全是乡村学校发展的一大重要特色，这一特色涉及学校的整个资源系统，是学校全方位的研修活动。在学校文化的营造中，校本研修制度起着关键性的作用。它贯穿了学校变革的整个过程，包括一套由学校教师主持的有计划的课题项目，改善了学校教学质量及教育科研的产出水平，突破了乡村学校的科研困境，在个体发展、合作学习及学校人才培养层面上发挥了很大的作用。校本研修制度的完善与健全，是乡村学校打造品牌的助推器。

三、文化为源，内涵发展

南京工业职业技术学院尤建国教授认为，校本文化是一种学校特色文化，是相对于传统的学校群体文化提出的具有学校个性的文化。南京科技职业学院李焦明教授这样论述：校本文化是“以学校为本的文化”，是一种基于学校、彰显个性的文化。这二位的论述都是在强调特色、强调个性。华东师范大学第一附属中学名誉校长孙稼麟认为，校本文化就是指某校特有的文化，即学校的特色文化，也就是学校要构建符合自身特点的文化，我们将这种具有自身特色的文化称为校本文化。校本研修制度重新构建了东简中学的校本文化，这种校本研修是沿袭东简中学的特有的教学理念、校本精神、校本机制，基于东简中学独特的地理环境而形成的具有不可复制性的、唯一性的校本文化。

随着新课程改革的推进，校本研修为学校的校本文化的形成提供了一系列的主题研修方案，促进了乡村学校的转型与发展。校本研修制度主要包括以下五个方面：教学管理制度、研修活动形式、课题评估制度、教师积极性培养制度、教师评价制度。

与过去相比，当前很多学校进行文化建设的自觉意识进一步增强了，主要原因有以下两个方面：一是经济社会发展为教育发展和学校发展提供了更好的环境和条件，相当一部分学校完成了硬件设施的主要建设任务，有可能、有需要从外部建设转向内部建设，从外延发展走向内涵发展；二是经济社会发展的转型深刻影响着学校的发展，学校也面临着社会的选择和家长的选择，因而不得不面向社会、面向市场，在不断变化的环境中提高学校的生存和发展能力。越来越多的学校认识到，以构建学校文化这样一种全面涵盖学校内涵的方式为抓手，推进学校的自主发展已成必然选择。

校本研修过程是一个需要经历长期实践、反思、探索、更新和拓展的文化创造过程。它需要进行大量的教育行为实践，虽耗时长，但见效明显。它并不是单纯的教师讲座式学习，而是教师内化教育行为的一种常态方式，是乡村学校要长期坚持的研究性学习活动。乡村教师在校本研修过程中通过自主研修、合作研修、交流学习等融合个人意识，融进个体对校本研修的解释、对地域文化的认识，这便形成了独特的校园文化以及极具开放性、构建性的校本文化，从而营造了教师团体和睦相处、心理相容的人文环境，促进了学校的内涵发展。

第五章

DI-WU ZHANG

东简中学校本研修制度的几点反思

我国属于发展中国家，乡村人口占了绝大部分。大多数学者都认为发展好乡村教育，办好乡村学校，直接关系到几亿农民的切身利益，是提高劳动者素质的关键，是建设和谐社会的重中之重。而乡村学校是整个乡村教育体系中最为重要的一部分，肩负着为国家输送人才和为社会提供具有较高素质的后备劳动力的双重任务。乡村学校只有成为知识与理论的专门提供者，成为地方性知识和实践理论的生产者和发掘者，上述的任务方可完成得又快又好。在一所乡村学校里，乡村教师就是首席责任人，是乡村学生睁眼看世界的一座座桥梁。《乡村教师支持计划（2015—2020 年）》中明确指出，我国教师中乡村教师占据着半壁江山，但由于主客观等各种因素，乡村教师专业化发展的难度大、任务重。也正因此，构建乡村学校校本研修制度的需求才更为强烈，现实意义才更为突出。

乡村学校要实现其特殊使命，必须确立“以研为本”的正确价值观，并构建有效实现“以研为本”教育价值的乡村学校校本研修制度的结构体系与运行机制。当今世界的教育改革趋势，已呈现出三种构建乡村学校校本研修制度的改进路线：一是明确化制度的目标及方向；二是创新化制度的策略及方法；三是常态化制度的研究及探讨。本章首先诊断东简中学校本研修制度现存的主要问题，然后剖析这些问题的形成原因，最后提出符合学校实际情况、体现“以研为本”的乡村学校校本研修制度的改进路线。

第一节　东简中学校本研修制度现存的问题及原因分析

经过两年多的探索与实践，东简中学的校本研修制度虽然仍略欠成熟，但学校还是坚持着一边走一边改进，并且取得了比较显著的成效，积累了许多成功的经验，取得了长足的发展，主要表现在四个方面：一是提高了学生学习的兴趣，变“苦学”为“乐学”。经

过校本研修，课堂活起来了，学生的思维也动起来了，达到了激发和培养学生兴趣的目的，不少学生的厌学情绪减少了。二是转变了对教师的评价标准。考试成绩不是唯一的评价标准，德、能、勤同样重要。教师终日无所事事的怪现象消失了，一味使用“题海战术”的教师减少了。三是提高了教师的专业化发展水平。学校开展联片研修，搭建各种研修平台，以营造浓厚的研修氛围。这使得教师的教育观念和教学模式不断更新，视野得以开阔，更好地适应了时代发展的要求和学生学习的需要。四是加强了校园文化建设，大力开展了丰富多样的文化活动，展示了学生的个性和特长。如坚持以德育为首，以“赞身边榜样，议身边事情”活动为载体，切实开展规范养成教育，培养学生良好的行为习惯。

然而，在取得成就的同时，东简中学的领导和教师也清醒地认识到，从整体上看，特别是与城市学校构建的校本研修制度相比，学校的校本研修制度还相当落后。这影响着学校各项事业的发展，与当今教育发展趋势的要求很不适应，迫切需要进行深入改革。

一、东简中学校本研修制度现存的问题

校本研修制度改进路线的确立，不能凭空臆造。明确学校校本研修制度中存在的实际问题，摸清造成这些问题的根本原因，是有效构建“以研为本”学校校本研修制度的结构体系与运行机制的前提。通过对东简中学校本研修制度的现实状况进行广泛了解和分析，从问题表现形式层面来看，以下几个方面是制约东简中学校本研修制度进一步发展的主要问题。

（一）校本研修制度不健全，难以促进研修质量的提高

校本研修制度的健全和完善是促进校本研修目标全面落实的重要保障，是全面履行教育者的职责、更好地完成教育教学任务的关键。应该说，自学校整改以来，东简中学在校本研修制度方面与之前相比总体上有较大幅度的进步，但也存在着不足，这些不足制约

着研修的进程，具体表现在以下几个方面。

1. 研修保障制度不够清晰

研修保障制度是校本研修初始阶段的必然产物，从人力、物力、财力上对校本研修予以保障，它的清晰与否直接关乎整个校本研修的开展。东简中学虽然已建立了相关的制度，但是大方向较模糊，如校本研修计划没有特别明确的目标、任务、实施要求；研修工作领导小组没有切实履行应有的职责，有时越俎代庖，有时又出现有事没人管的现象；年级组（教研组）和教师的研修计划没有明确、切实的专业化发展目标；等等。简而言之，学校的时间保障制度、经费与资源保障制度、评价管理保障制度及人员保障制度等没有发挥其应有的作用。

2. 研修督查制度不够明确

学校部分领导班子成员未明确自己的职责，没有认真地开展督促检查工作，没有及时发现并解决研修中遇到的各种问题。学校没有根据自身的实际情况制订相关的督查方案，没有一个属于自己的总体原则。在考勤上，不重视考勤前的准备工作以及考勤时应该注意的问题，致使考勤工作无法顺利推行。此外，对于考勤时若遇到突发状况应该如何处理这一问题没有一套完善的方案。在考核上，从考核准备、组织实施、成绩统计到等次评定，各个环节虽然都尽可能地做到相对公平，但在某些环节缺少周密的考虑，难以营造出一个良好的考核氛围。在奖惩上，建立了校本研修奖励制度，专用经费用于对在校本研修中表现突出的小组与个人进行表彰，惩罚则按学校相关制度进行，考核结果与教师考评挂钩。

3. 研修评价制度不完善

评价是对成员在校本研修过程中表现出来的工作能力、工作态度和工作成绩的肯定与否定。东简中学的评价形式较为单一、传统，虽然不再以“百分率”高低作为唯一的评价标准，但这个观念在部

分领导班子成员的思想中仍存在。因此，会产生一些不合理的评价，而不合理的评价会对教师造成误导，影响教师的自我认同和良性发展。此外，学校评价制度存在局限，应使其具有开放性，向家长和社会开放。

4. 研修实施制度力度不够

东简中学的管理力度不够，态度不够坚定与强硬，以至于影响了校本研修工作的开展。校本研修的实施没有明确的基本程序，难以解决学校的实际问题。

（二）部分校本研修的内容脱离实际，枯燥单一

校本研修内容的确定是整个研修过程的重要组成部分，应该根据学校的办学目标和教师自身专业化发展的需求，充分体现“以研为本”的特点。受到内在与外在等多种因素的影响，东简中学校本研修的内容存在着明显的问题，主要包括以下两个方面。

1. 部分研修内容脱离实际

从研修内容的选择上来说，校本研修要着眼于学生、教师、学校这三方面的可持续发展，所以研修内容要因“需”而定。东简中学尽管在确定内容时也考虑到学生、教师、学校这三方面的需要，但没有深入，不够全面、客观，忽视了基于课程有效落实的需要、课题研究的需要、中老年教师发展的需要以及解决教学中争议问题的需要，导致其与教育教学实践之间脱离联系，且缺乏创新性与可行性。只有确定好校本研修内容，找准出发点，以改进实际工作为首要任务，校本研修才有可能是有效的。

2. 研修内容单一

东简中学的校本研修内容不包括师德教育、新技术、新技能与地方课程开发等。不少教师认为，学校的校本研修内容缺乏针对性，也不全面，几乎每次都是进行教材分析、听评课等，他们还提出理想的校本研修是通过有针对性的途径使自己的专业能力得到提高。

学校目前的研修内容导致广大教师缺乏积极性与主动性，没有使教师真正参与或融入其中，没有达到全员参与研究的目的。具体来说，校本研修中的规定性内容较多，对于教师具体的、个性化的需要考虑得很少，因此，在确定校本研修内容前，对教师群体进行需求调查、分析是非常有必要的。

（三）研修过于注重形式，缺乏实效性

美国企业管理大师汤姆·彼得斯曾一针见血地指出："不要让形式主义淹没和窒息了精神。"一句话道出了过于注重形式的危害。管理上如此，校本研修也如此。从目前东简中学开展校本研修的情况来看，普遍存在下列问题。

1. 教师的发言和记录更多的是为了应付检查

教师的发言和记录更多的是为了应付学校的检查，而非真心为了使自己得到成长。《淮南子·兵略训》中说："千人同心，则得千人之力；万人异心，则无一人之用。"在校本研修的道路上，只靠教师一个人的力量是难以达成目标的。为了使全体教师共同发展、共同进步，东简中学采取了集体备课的形式，希望能形成良好的研修氛围，发挥集体的作用。但结果往往是不尽如人意的。开展集体备课活动前，首先要制订相应的计划、明确任务，然后教师就各自收集材料。可在大多数情况下，教师由于时间不足等原因，只能匆匆地准备资料，关键是到了预定的备课时间，由于前期准备得不充分，教师间的互动交流很少，发言非常不积极，最后只能由备课组组长把自己的备课思路简单地讲一下，小组成员有的在"埋头苦干"，奋笔疾书，为了应付今后的检查；有的应付性地说几句毫无内涵的附和性话语；还有的神游太空，心不在焉。

2. 校本研修的功利心过重

校本研修功利心过重，出现了"三重三轻"的现象。第一，重功利，轻内需。在教育部门制订课题规划的大环境下，各校纷纷加

入这个行动，东简中学也不例外，这是好现象。但是，部分教师申报课题只是为了评先进、评职称，是从自身利益出发的，带有明显的功利色彩，没有真正抱着解决教学问题的科研之心，这样必然是走不远、走不长的。第二，重成果，轻过程。校本研修是一个动态的研究过程，是一个提出问题、找出原因、解决问题、推广实施的过程，它更注重的是过程而非结果。但东简中学不少教师没有弄清其中的关系，片面地追求所谓的形式，如重视开题报告的撰写，其内容写得既详尽又具体，只可惜在现实中没有实实在在地落实。第三，重呈现，轻推行。校本研修的目的是使教师提高自身的专业水平，不断地进行反思，最后把研究成果进行总结和推广，进而提高教育教学的实效性。但是，东简中学有时会出现为了展示而草率地结题，以至于来不及深入研究和推广的现象，这样的做法既浪费了大量的教学资源，又打击了许多教师研修的积极性。

3. 教师没有得到切实的发展

东简中学高度重视教师专业能力的提高，为了更好地开展校本研修，学校举办了相应的研修活动并投入了大量的资金，为教师创设了一个良好的研修氛围，提供了一个良好的研修平台。但部分教师认为这些活动有和没有没什么太大的区别，参与这些活动反倒浪费时间，因此敷衍了事，导致研修效果不尽如人意，最终并没有得到切实的发展。

（四）研修中新方法的应用仍然偏少

韩非子说过：“不期修古，不法常可。”过去的制度和方法，虽然在以前是有效的，用于现在却未必可行。瞬息万变的社会要求我们一定要采取符合当今社会状况的措施，不断地研讨当今的形势，寻找一条创新性的道路。东简中学的校本研修起步晚，新的培训方法运用较少，更多地还是采用传统方法去培训教师。方法的选择是培训过程中的重要环节，东简中学在培训中较多采用讲授法，主讲专家与教师之间缺乏应有的互动，“一言堂”“满堂灌”的现象仍未杜绝，影响了培训的效果，而且缺乏实际的操作，所以无法检验培训的实际效果。尽管传统的培训方法有一定的优点，如符合中国人传统的学习习惯，使学习更具归属感。但是，传统的培训方法也存在着一定的缺陷。

1. 针对性不强

传统的培训方法绝大多数是上级领导下达培训任务，要求全校每个教师都要参与，在这种既要减少经费投入，又要照顾全校教师的要求下，“一言堂”似乎是一个不错的选择。培训一开始，专家就播放出课件第一页的讲学题目，说：“大家早上好！今天我给大家分享的主题是……这门课程是基于我多年的研究与实践，在借鉴国内外著名学者的成果的基础上得出来的。”接着展示课件第二页，开始照本宣科地把相关理论像倒水一样往教师身上倒。很明显，这种方法忽视了教师专业需求的差异性，没有针对教师教学实践中的实际问题选取培训内容。当专家在台上讲得津津有味时，教师在台下却苦不堪言，不断地为浪费的时间感到惋惜。

2. 培训者和受训者缺乏互动交流，形式单调

培训的目的是通过培训这个过程使培训者与受训者的思维相互碰撞，使受训者的问题得到解决。实际的情况却有违初衷。用传统课堂来形容传统培训再合适不过了，传统培训只是由专家一味地发表一家之言，教师只是被动的接受者，像复印机一样把专家所谓的理论不断摘抄下来，然后盲目照搬，根本无法形成自己的看法与观点，反倒会对培训产生抵触和消极的情绪。在学术不自由的风气下，培训者与受训者之间如何能形成互动？又谈何真正的交流呢？

3. 理论与实践脱节

“纸上得来终觉浅，绝知此事要躬行。”可传统的培训往往重

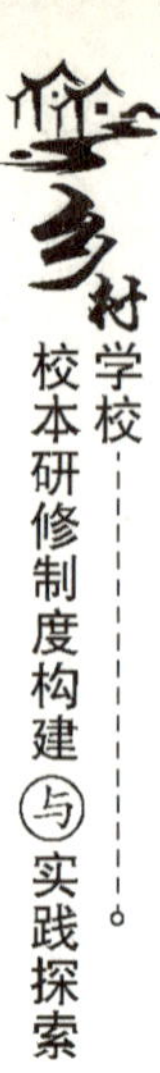

理论而轻实践，大部分时间都是专家在讲，教师在听，并低头做笔记，培训一结束大家一哄而散，有些教师甚至回去后就发现笔记不知被放到哪儿去了。在这种情况下，即使教师认真好学，得到的也只是满腹的理论，只会纸上谈兵，而难以把这些理论应用到实践中。

校本研修具有互动性、合作性、实践性、开放性等特征，培训方法应该是多样的。可现在很多学校在校本研修中都是在重复别人的路子，没有任何创新的思想，没有找到属于自身特色的东西。而研修中培训方法的确定是一个缓慢的选择过程，需要踏踏实实、反复研究、不断探索。培训前做好相应的调查，了解教师急需了解的培训内容，然后创新培训方法，做到多种方法相配合，互补不足，使培训更具专业性和全面性，使教师从"要我学"变成"我要学"。只有这样，教师才能积极地投入培训之中，通过自己的教育教学实践进行研究，解决实践中遇到的问题。

（五）研修目的性不强，缺乏针对性

教师要通过学习与进修，转变自己的教育观念，提高自身的教育科研能力与专业化发展水平，形成新的教学观、教师观和学生观，进而推动学校的发展。但是，东简中学现实中达成的研修目的与理想中的研修目的还存在着一定的差距。虽然学校校本研修的总体目的很明确，但在校本研修的过程中，在研修目标的制订上缺乏一定的针对性，教师参加校本研修的目的性没有很好地体现出来。

二、东简中学校本研修现存问题的原因分析

目前，东简中学校本研修存在着研修制度不健全、研修内容脱离实际、研修过于注重形式、研修培训方法过于传统、研修目的性不强等问题，这些阻碍了教师的专业化发展和学校的可持续发展。上述问题的形成，绝非偶然，既存在着深刻的学校内部原因，又有教师自身的原因，还有学校外部环境的原因。

（一）学校内部的原因

1. 学校领导认识模糊，重视度不够，组织散漫，管理不到位

从某种程度上说，有什么样的领导班子，就有什么样的校园文化。就校本研修而言，研修的各项管理工作都要靠学校领导牵头。但是，东简中学的部分领导对于开展校本研修的重要性认识模糊，对校本研修不管是在思想上还是在行动上的重视程度都不够。他们似乎对这项工作非常陌生，不知道自己应该在校本研修中干些什么，有些知道自己该干什么，却敷衍了事，管理极其不到位。主要表现在以下几个方面。

（1）态度不够端正，有明显的功利化倾向

学校部分领导对待校本研修的态度不够端正，存在明显的功利化倾向。有些领导存在着极其严重的形式主义思想，往往是先制订研修计划，接着就一级级地下达任务，为了完成这些任务，便利用行政指令要求教师在某个时间段内听几节课、写几篇论文、完成几项课题研究等。这种只下达任务而不调研，只看重形式而不看重内容的“校本研修”，与开展校本研修的初衷背道而驰，致使一些教师为应付学校布置的任务而做表面文章，甚至出现弄虚作假的情况。有些领导为了邀功求赏，大举“活动促研”的旗号，频繁地组织走过场、装点门面的研修活动，致使教师心生厌烦。面对高考等各种压力，有些领导认为校本研修的最高目的是使学生最大限度地提高应试能力和应试成绩，带有浓厚的功利色彩。这些思想都严重地偏离了校本研修的真正目的，也严重地影响了校本研修的效果。

（2）不顾实际情况，采取“一刀切”策略

在教师自主参与校本研修的积极性普遍不高的情况下，有些学校领导为了完成上级要求的研修任务，毫不犹豫且简单粗暴地采取“一刀切”的策略。也就是说，在校本研修过程中，不顾教师的年龄特征和接受能力，坚持“一刀切”“一锅煮”，对青年教师同中年教

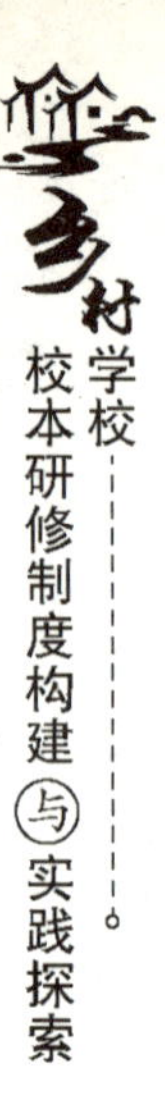

师、专业水平高同专业水平低的教师采取一样的对策，完全忽略了教师的独特性，这种做法是不可取的。领导不能要求教师在规定的时间内，按照统一要求，给出自己想要的结果；不能像给学生布置作业一样，要求教师就同一内容，在规定的时间内，按统一要求完成校本研修任务。“世界上不存在两片完全相同的叶子”，每个教师都存在着个性差异，根据这一特点，应允许校本研修具有差异性，要从每个教师的实际出发，考虑他们的个人主观意愿，否则只会让他们对校本研修产生反感和抵触情绪。

（3）相关人员督导检查不到位

绝大部分的学校都存在教师参加校本研修的积极性不高的问题，东简中学也不例外。针对这种现象，需要一只隐形的手去协调，即上级组织相关机构进行督导检查。但东简中学校本研修的督查机制还不够完善，存在着职责权限不明确、管理行为不规范、机构不健全、激励与奖惩不到位的问题。在执行过程中往往出现推诿扯皮、推卸责任、见事就躲及不干实事等情况，最后导致校本研修的效率不高。

2. 乡村学校基础设施落后，资源配置不均衡

（1）资金不足，缺乏充足的经费保障

充足的经费是校本研修顺利开展的基本保障。若没有资金上的保障，很多美好的设想就只能是镜花水月。东简中学属于乡村学校，资金的投入与城镇学校相比有一定的差距。尽管学校每年都坚持投入专项经费用于校本研修，可是用于邀请专家、购置设备、外出学习培训、购置相关书籍等所花费的资金远远大于投入，常常入不敷出。最后学校只能不断节省支出，这里削减一点，那里削减一点。在这种情况下怎能毫无顾忌地开展校本研修呢？没有充足的资金用于订阅校本研修方面的资料，便无法确保每位教师都能阅读资料以提高自己的专业水平；没有充足的条件让教师外出深造，便无法确保每位教师都能走出校园学习先进的思想；没有充足的经费创设更

先进的教学环境，便无法让每位教师都感受到信息技术的强大魅力。

（2）教育教学资源利用不合理

东简中学的教育设施很陈旧。多媒体教室的数量极少，且利用率较低，经常处于闲置状态，很少用于教学，即使用也是在上研究课或公开课时小心翼翼地拿出来用一用，或上级有关部门要检查远程教育使用情况时，学校命令式地要求教师突击使用，为的是应付检查。平时，教师只能用一些简单的教学设备，如数学课中所需的直尺、圆规，英语课和语文课中所需的录音机，等等，但这些设备也比较陈旧。图书馆里的图书资料缺乏，不能满足教学的需要，教师和学生几乎很少能从图书馆中感受到自己在知识的海洋里遨游。没有用于研修的实验室，所以一些需要进行实验的课程无法进行操作。另外，学校有些教学设备无人问津，严重浪费了教学资源。

（二）教师自身的原因

1. 教师的主体认识存在误区，自我发展意识不强

东简中学的部分教师认为，教师的责任就是传授学生知识，而校本研修是教育专家或者少数骨干教师的事，和自己没有一点关系。甚至有些中老年教师认为自己有足够的教学经验，专业能力不需要提高。他们不知道校本研修对于解决自己教学过程中遇到的实际问题、提高教学质量的重要意义，也不知道校本研修是提高自身专业水平的根本途径。其实，一个很重要的原因就是他们头脑中的传统教育思想根深蒂固，深受应试教育和“分数最大”观念等的影响。这些错误的认知导致他们专业水平不高、工作能力不强，也影响了学校校本研修的顺利进行。教师在认识上存在的误区，归纳起来大致有以下几点。

（1）无关论

长期以来，大多数人都认为教师只是知识传授者，其主要职责与任务就是把书本上的知识一字不差地传授给学生。在校长的眼中，

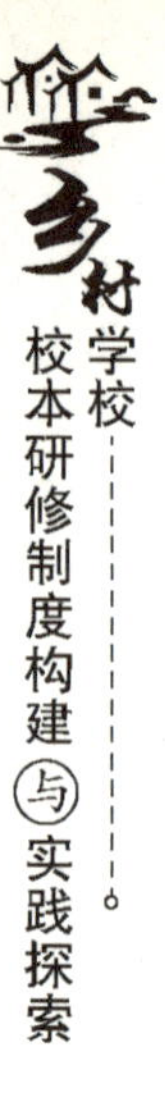

教师就是帮学校多培养出几个考上名牌大学的学生的人，是帮学校提高升学率的人；在家长的眼中，教师就是督促孩子完成作业，帮助孩子顺利进入初中、高中和大学的人；在学生的眼中，教师就是教给他们理论知识、布置作业给他们做的人。在这种大环境的影响下，教师眼中的自己，自然与大多数人的看法相差无几。而从事研修常常被认为是教育专家、教研人员和骨干教师的事，因此，他们对校本研修抱着一种“事不关己，高高挂起”的态度。

（2）无用论

有些一线教师主要是凭借自己多年积累的教学经验进行教学。他们认为，一些所谓教育家的理论纯粹是空谈，这些人整天坐在电脑前写论文、搞研究，在头脑中凭空构想出自认为理想的教学方式。这种既无科学性又无实践性的教育科研成果对一线教师的教学实践自然是毫无指导意义的，压根就不能解决实际问题。他们觉得这就是理论脱离实践的典型，所以认为研修是无用的。但这种想法很明显是片面的，这些教师不知道由于缺乏必要的教育理论作为支撑，他们的教育教学实践的实效性并不高。

（3）神秘论

总的来讲，我国的全民研修思想还不够普及，大多数人对研修本身形成了一种思维定式：研修需要在一个相对封闭的环境里，由极少数的精英人才来完成。他们认为搞研究是一门很高深的学问，需要超出常人的智慧和思维，以及海洋式的知识。这种思维定式也导致人们对研修产生了一种神秘感。不少教师把研修看得很神秘，认为研修深不可测、高不可攀，自己的知识储备不足、能力水平欠缺，因此，自己无从也无力从事研修。

2. 参与校本研修的积极性不高，缺少主动性

俗话说“当一天和尚撞一天钟”，意思是遇事敷衍，得过且过。这也是存在于东简中学部分教师身上的问题，他们从来不去提高自己的专业水平，总是手持一本教科书，在黑板上流畅地写下与多年

前一模一样的板书，无精打采地说几句话，铃声一响便立刻离开教室，生怕学生上前请教问题，几十年如一日，过一天算一天，凑合着混日子。要知道，对于个人来说，工作的积极性就是前进的动力；对于一个团队来说，不仅要有一只“领头羊”，更重要的是团队中的每一个个体都必须有积极的工作热情和强烈的责任感；对于一个国家来说，只要每个人都对自己的工作充满热情，拥有强烈的工作积极性，那么必定会实现国家的繁荣和发展。教师的工作积极性是学校管理的一个永恒主题，教师是校本研修的主力军，只有充分调动教师的积极性，才能不断提高教育教学质量，才能使校本研修顺利开展，才能构建和谐校园。据分析，影响教师积极性的因素主要有以下几个方面。

（1）教师要承担繁重的教学和管理任务

有人把教师比喻成“人民的公仆”，是的，教师就像仆人一样，似乎一天有 25 个小时都不够用。他们不仅背负着沉重的责任，还承受着巨大的心理压力，如社会的不理解、家长的不配合、学校升学压力、学生安全问题等。教师每周最少要上十几节课，此外，还要备课、做课件、批改堆得像山一样高的作业，还要观课、评课、进行家访、参加学校的各种活动。他们的日平均工作时间过长，工作超负荷的现象比较严重，若还要进行校本研修，他们就不得不牺牲自己的业余时间。

（2）教师职业倦怠严重

教师职业倦怠是指教师在面对巨大的工作压力时由于不懂得合理调控自己的情绪而出现的一种极端反应。有职业倦怠的教师一般表现为精神疲劳、心情烦躁、情绪过度紧张，有的甚至在日常工作中表现出一些令人难以想象的行为，其直接的受害对象就是学生，如教师把自己不满的情绪发泄给学生，无缘无故地谩骂学生，甚至变态地体罚学生。其实，职业倦怠是一种病，先是生理衰竭，身体长期处于亚健康状态，经常感到焦虑和烦恼；接着是情感衰竭，对

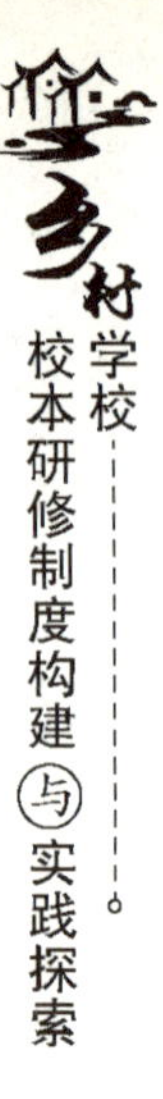

工作失去兴趣，对自己的工作表现极其不满，甚至出现了讨厌学生的心态；最后是价值衰竭，认为工作是一项重复的烦琐事务，根本无心投入过多的精力，纯粹是为了工资来上班的。试问：有职业倦怠的教师如何能全身心地投入工作中？

（3）教师的传统教学观念根深蒂固

受应试教育及升学压力的影响，东简中学部分教师对上课的重视程度极其高，在他们眼中似乎分数高才是唯一出路，升学率才是硬道理。因此，他们需要更多的时间去上课，以灌输的方式把大量知识传授给学生，以便让学生更好地应付考试。但他们不知道社会发展日新月异，需要不断地更新教学观念，需要培养创新型人才，而这些都有赖于校本研修。学校每次开展校本研修时，部分教师都无动于衷或草草了事，虽然对他们做了多次思想工作，他们也有一定的觉悟，但传统的观念还是占了上风，这也是教师的校本研修积极性难以提高的原因之一。

3. 经验狭窄，实践反思肤浅

爱因斯坦说过："学校的目标应是培养有独立行动和独立思考能力的个人。"作为教师，我们更应该是一个懂得思考与反思的人。所谓反思，就是教师对自己的教学行为、教学对象以及他人的实践经验进行仔细观察和反复分析。在经过深刻的反思后，教师就会成为一个自觉而高效的反思者，从而使自己的专业知识不断地得以丰富。然而在东简中学，部分教师只满足于经验的获得却从未对这些经验进行过反思，如此一来，他们原有的错误理念及不恰当的行为就很难改变，其结果是他们在教学上依旧维持错误的做法，自己却全然不知。其实，学校的不少教师也曾尽自己最大的努力尝试进行反思，一方面，他们在进行教学时保持着一颗敏感而好奇的心，时刻抓住可能的反思对象；另一方面，他们也经常性地进行反思。但最终的结果不尽如人意，并没有发挥出反思的真正作用。其根本原因可能是他们仅仅有初步的反思意识，却没有掌握反思的策略，没有触及教学中的实质性问题，使得反思流于形式，程度肤浅，具体表现在以下几个方面。

（1）反思态度不端正

东简中学很早便意识到反思对校本研修的重要性，于是大力提倡教师把自己的反思以文字的形式书写出来。在这种规定下，教师的心理负担无形中便加重了。他们有的草草几笔，有的东拉西扯，有的洋洋洒洒一大篇，但从检查情况看纯属应付，所谓的反思不过是在不断地重复他人之言，毫无实际意义和价值。这样的反思，只是在浪费时间和精力，与学校的初衷大相径庭。其实，真正的反思是要用心去感悟的，这才是反思的真谛。

（2）反思内容较狭隘

东简中学不少教师认为反思的内容就是本节课的重难点是否有错误和遗漏、所用的教学方法是否合理，如何改进本节课等。但这属于狭义的反思，那些被忽视了的与课堂息息相关的教学行为与现象其实更值得探究。比如，为什么现在的学生上课总喜欢手持一本参考书？为什么低年级的学生不用奖品吸引就没有学习的积极性？等等，这些都需要教师深入地反思。反思的范围是很广的，不必拘泥于一个小范围，这样反思的灵感就会源源不断了。

（三）学校外部环境的原因

1. 应试教育的影响

应试教育是阻碍校本研修开展的主要因素。在这个“升学率是硬指标”“考试分数是硬道理”的大环境中，考试的压力不只学生才有，中考、高考过后，每所学校像打广告一样纷纷摆出成绩榜、上线率、本科率、重点率等。看着这些冷冰冰的数据，教师一次又一次地被吓得胆战心惊，产生了极大的心理压力。为了完成教学任务、追求更高的升学率，教师的工作负担越来越重，只能每天精疲力竭地与时间打仗，根本就没有多余的时间和精力认真从事校本研修。

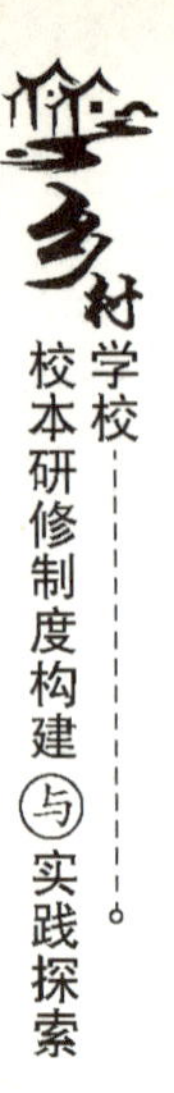

受到来自应试教育的压迫后，教师就不得不去逼迫学生，导致学生在周末、寒暑假疯狂地补课。在这种情况下，教师不敢坚守自己最初的教育理想，一天到晚都做着令自己痛苦不堪又不得不做的事情，在抑郁和苦痛中，他们失去了自我，无奈地成了应试教育的奴隶。

2. 校本研修工作处于务虚阶段

全区中小学实际的校本研修工作仍停留在务虚阶段。其实大家都知道新课程改革时代校本研修的重要性，问题在于尚处于初步探索阶段，不太清楚开展校本研修的具体策略。市级研修人员本应处在校本研修的最前沿，对广大一线教师的校本研修起引领、指导和服务作用，但大部分市级研修人员仍未转变角色，依然保持着检查者、督促者的身份，与学校和教师的关系割裂开来，以至于在校本研修中无法起到真正的指导作用。

3. 校外资源利用不到位

如果只是一味地注重校内资源的开发，而忽视对校外资源的合理利用，学校开展校本研修便会寸步难行。校外资源是校本研修的重要补充资源，但东简中学对校外资源利用得并不多。首先，由于学校位于乡村，以乡村的条件来说，不能为学校的校本研修提供一些物质设施，如博物馆、科技馆及图书馆等。若学校有机会利用这些便利的条件，就能增强教师的社会实践能力，提高校本研修的实效性。其次，缺少机构单位对学校校本研修提供资金支持，以至于常常因经费不足而无法开展深入的校本研修。

4. 专业引领薄弱

专家的专业引领是校本研修的一个重要环节，这里的专家一般包括教育研究专家、大学教授、市里或区里的研修人员及各中小学的骨干教师等。如今，这些专业引领者不再是标准答案的提供者，也不再是上级命令的传递者，而是校本研修的引导者和合作者。他们引导教师积极参与校本研修，与教师一起解决实际教学中产生的问题。所以，专业引导者的素质很关键。东简中学不少教师对专业引领者的满意程度不高，认为大多数专业引领者都是理论多于实践，不能联系教学实际，缺乏有效的、全程的指导，专业水准欠缺。另外，学校对于专业引领的重视度也不够，总是把侧重点放在对教师的检查上，这对校本研修的开展、教师的专业化发展不仅毫无意义，反而会起到阻碍作用。

第二节　东简中学校本研修制度的改进路线

一、明确化制度的目标及方向

（一）确定校本研修的目标，找准校本研修的方向

教育的本质是为了人的发展，基础教育是人终身发展的基础。教育，从其目的来说，就是为人的幸福生活奠基。学校应该成为幸福的乐园，使学生、教师和校长从中获得幸福感。基于这种认识，“为学生终身发展、终身幸福奠基”成了东简中学的办学理念。但是，受传统教育观念的影响，学校在教学质量观上还是以分数定质量，以升学为教育的归宿，往往把考试分数作为衡量学生质量的唯一手段。各上级教育主管部门乃至政府部门也把考试分数和升学率作为评价学校办学水平的一个不可动摇的硬件，这就导致学校、教师为了追求升学率，在学校教育、课堂教学中只注重知识的传授而忽略学生的能力培养和个性发展。那么，如何在立足现实的基础上，使学校教育发挥最大作用呢？唯有确定校本研修的目标，找准校本研修的方向。

1. 明确学校未来发展的方向

对于东简中学未来的发展方向，在领导班子成员苦苦思索、徘

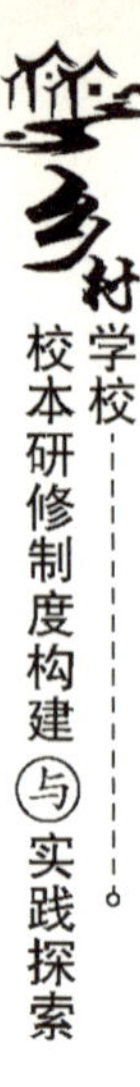

徊不前之际，著名教育家李镇西谈中国课程改革名校杜郎口中学的教育是素质教育还是应试教育的一席话让人眼前一亮。他认为，完整的教育，既要为学生的一生着想，也要为在很大程度上决定他们命运的几天（中考或高考）服务。没有前者，是鼠目寸光的教育；缺了后者，恐怕也不能说是对学生负责的教育。如果学生不能升入高一级学校，他以后的生存可能受到影响，如此谈何幸福一生？为了贯彻“为学生终身发展、终身幸福奠基”的办学理念，东简中学决定在基于本校实际情况的基础上走“以研为本”的乡村学校校本研修道路。目的是进一步统一思想、提高认识，宣传和发动全体师生以主人翁的姿态和必胜的信心投入校本研修的大潮中。因为它能够突破教育发展的瓶颈，提升教师的专业水平，提高全体学生的学习成绩，加速实现学校“打造区域性名优学校”的战略目标。“开弓没有回头箭”，为确保校本研修走向深入，在开展校本研修的道路上不能盲从和迷信，要找准学校未来的发展方向，要坚持走具有自身特色的校本研修之路。

2. 明确教师专业成长的方向

任何改革都不是一蹴而就的，校本研修是一项复杂而艰巨的任务，涉及理念引领、理论支撑、文化重组、制度构建、实践操作等方方面面的问题，具有持久性、反复性的特点。学校要有打持久战的心理准备，其中教师是整个校本研修中的关键，他们一定要有取得成功的信心，有破釜沉舟的雄心和勇气，要破除畏难情绪，下定决心，勇敢担当。因此，学校一定要明确教师专业成长的方向，使教师成长加速、感受到职业幸福。

（1）教师应抓住一切校本研修的机遇，积极投入并努力提高自己的专业水平。教师要不断更新自己的教学理念，不断提升专业素养，成为校本研修积极分子。比如，教师要抓住给兄弟学校做专题讲座、上示范课或与引领专家进行思想碰撞的机会，从中获得一定的成就感、幸福感。

（2）教师应制订一份属于自己的职业发展规划，根据自身的特点，结合学校的发展趋势，找准自己的专业化发展点，使校本研修有明确的目标。在职业发展规划中，教师既要分析自身的优势，也要正视自身的缺点，既要有学期目标，又要有教学生涯总目标。另外，值得注意的是目标要具体详细，如课堂教学如何高效、论文的发表量达多少、内在的知识水平提高到怎样的程度等。

（3）教师应把自己从事教学以来的读书笔记、课堂实录、教学反思、个人论文等整理好，形成个人发展档案，为今后的发展奠定坚实的基础。

3. 明确学生全面发展的方向

在学校中，学生才是主人。根据多元智能理论，教育的培养目标就是让学生成为在德、智、体、美等方面全面发展的人。学校的教育不仅要让学生学得知识和技能，更重要的是为其一生的成长奠定基础，成为学生幸福人生的起点。比如，在教学中，教师要转变迂腐的教学理念，改变传统的灌输式教学法，要知道“以教师为中心”的观点早已过时，在课堂上要变“教师讲、学生听”为“让学生自主学习、合作学习、探究性学习”，由学生自己来做主，由学生自己来展现课堂的精彩。在其他方面，教师要根据每一个学生的特点，为其提供不同的发展平台，做到扬长避短，让每一个学生都有感受成功的机会，获得有效的成长与发展。

（二）规范各项保障措施，确保校本研修效果

1. 校本研修的政策保障

正因为校本研修是社会的发展需要与国家的要求，所以国家、省、市都为此出台了不少政策以确保校本研修能真真切切地落实。其中，《国家中长期教育改革和发展规划纲要（2010—2020 年）》明确指出：“努力造就一支师德高尚、业务精湛、结构合理、充满活力的高素质专业化教师队伍。”“提高教师业务水平。完善培养培训体

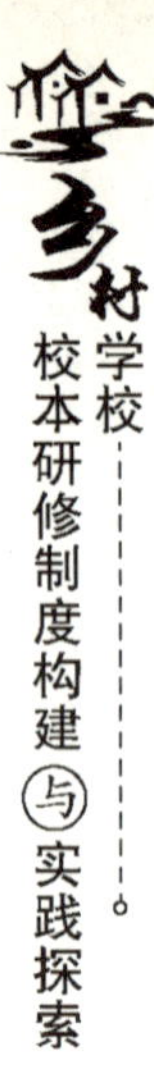

系，做好培养培训规划，优化队伍结构，提高教师专业水平和教学能力。通过研修培训、学术交流、项目资助等方式，培养教育教学骨干、‘双师型’教师、学术带头人和校长，造就一批教学名师和学科领军人才。”这一政策的出台给地方教育指明了校本研修的大致方向。

同时，为贯彻落实《国家中长期教育改革和发展规划纲要(2010—2020年)》和《国务院关于加强教师队伍建设的意见》，加快乡村义务教育教师队伍建设，从根本上解决乡村教育发展的突出问题，教育部等部门联合发布了《关于大力推进农村义务教育教师队伍建设的意见》，对乡村学校的校本研修进行了很好的指引。

经过近两年的实践探索，湛江市各中小学的校本研修工作已概括出了比较适合本校校本研修的相关经验。为了贯彻落实以上相关政策和精神，促进教师专业化发展和学校的可持续发展，湛江市制定了《关于全面推进湛江市中小学校本研修工作的意见》。这对东简中学校本研修工作的开展有切实的指导意义。

2. 校本研修的相关制度保障

制度是学校可持续发展和教师专业成长的保障。为了确保校本研修工作落到实处，东简中学积极建立健全校本研修的各项规章制度，建立长效保证机制。

（1）建立健全校本研修激励机制

为强化校本研修工作的时效性、长期性，让校本研修得到全校师生的认可与支持，成为学校每学年工作的重要部分，形成一种良好的运行机制，东简中学每年都会举行一次年度校本研修成果奖励表彰会。其中，专门设置校本研修专项奖，如个人校本研修项目单项奖、团队校本研修项目单项奖、校本研修先进个人、先进教研组组长、先进教研组等，对校本研修过程中表现突出的个人和团队进行表彰并给予相应的奖励。

（2）建立有效的考核评价机制

东简中学改变传统的评价标准，即改变简单地用升学率和考试成绩评价教师的方法，完善教师考核评价标准，适当加入其他评价因素，如师德、贡献、专业水平等，实现教师的考核与研修相结合。另外，还需探讨一种相对公平的评价方法，如实行学校、教师、学生和社会等多方参与的评价，逐步建立健全教师自评、同行互评、学校总评、校外评审的校本研修评价方式。只有采取这样相对完善的考核评价机制，才能激发教师校本研修的内在驱动力。

（3）建立健全各部门责任协调机制

东简中学成立了校本研修工作领导小组，形成了三级校本研修体系。一级研修由校长牵头，旨在解决学校教育教学中的重大问题；二级研修是学科层面的研修活动，重在突出学科特色；三级研修是备课组层面的研修活动，以提高课堂教学的质量。此外，东简中学还完善了各部门的沟通协调机制，形成责权明确、分工合作、协同负责的工作格局，及时研究、解决校本研修过程中的突出矛盾和重大问题。

3. 校本研修的经费保障

广东省教育厅提出建立健全校本研修的经费保障机制。各级教育行政部门要不断加强对校本研修的经费投入。各中小学校要认真落实教育部、财政部有关“教师培训费按照学校年度公用经费预算总额的5％安排”的政策，确保校本研修的经费投入，积极为全面推进校本研修创造条件。为了贯彻省教育厅的意见，提高校本研修的成效，东简中学自筹校本研修经费，以满足本校校本研修项目的经费需要。

学校还应增加公共设施方面的经费，不断改善校本研修环境，为教师进行校本研修提供物质支持。学校图书馆应购入相关书籍，增加报刊的订阅数量。应发挥后勤处、电教室、实验室的最大作用，为校本研修提供必要的资料、实验以及有关的物质支持。此外，学校应增加专业引领方面的经费投入，定时邀请校外专家来校指导，确保校本研修正常有序地开展。

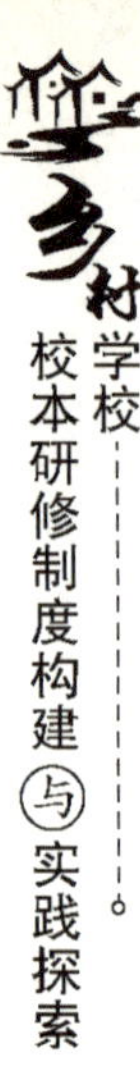

二、创新化制度的策略及方法

（一）借用现代信息技术推动校本研修制度创新

为了落实教育部《关于印发〈网络研修与校本研修整合培训实施指南〉的通知》，作为一所乡村学校，东简中学积极地搭建网络校本研修平台，打破了时间、空间的限制，为教师的交流和合作创设了更多的机会。通过这条途径，学校教师可以随时聆听专家们精彩的讲座，了解他们先进的教育思想，从根本上转变自己陈旧的教育观念；通过这条途径，学校教师可以与其他学校的教师展开更广泛的交流，不再有“走出去”的颠簸周折，虽然不可以面对面，但因同样的追求依旧可以心连心。网络校本研修缩短了地域距离，改变了时空，教师可以十分便捷地在网上学习与交流，开启快乐研修的旅途，变“要我学”为“我要学”。

在学校方面，首先要根据区、县的要求制订网络校本研修规划与实施方案，依托市里的教师网络研修社区，建立具有本校特色的网络研修社区，组织教师开展网络支持下的跨校跨区域的校本研修活动。其次，教师运用信息技术手段进行校本研修，网络设施发挥着不可替代的作用。在经费允许的条件下，学校要为教师每人配备一台可以上网的电脑，使教师在网络校本研修中获取更多的资料，条件不允许的可以几个人共用一台电脑。此外，学校还应建立面向教师开放的电子备课室。

在教师方面，要根据学校网络校本研修规划与实施方案，制订个人的网络校本研修计划，有效地利用网络研修社区，创建属于自己的个人资源库，养成网络学习的好习惯；通过网络备课、网上观课、网上评课、网上反思及远程指导，不断提升自己的教育教学水平，解决教育教学过程中的突出问题；带动其他教师积极参与网络校本研修，让大家与网络校本研修同行，以促进学校和学生的发展。

（二）建立低成本且可持续的教师专业化发展联盟

对于教师专业化发展而言，教师发展专业能力、丰富专业知识不能完全依靠自己，不可能单凭一己之力就得到飞跃性的进步，在更大程度上依赖的是教师群体文化。然而，传统意义上的教研组或学科组作为教师进行校本研修的非行政性团体，在实践中逐步向着行政化和规范化的方向发展，难以使教师完成真正意义上的协作，也难以对教师的专业成长起到推动作用。因此，需要建立一个更容易受到教师认同和欢迎的成长共同体，营造良好的教师文化，从而促进整个教师群体的发展与进步。对于一所乡村学校来说，如何探索一种低成本、可持续、大信息量并与本校具有相近的教学理念的教师专业化发展联盟是推动校本研修不断发展的现实需要。

经过长期努力和不断探索，东简中学秉承着“为学生终身发展、终身幸福奠基”的办学理念，以校情为基本点，以推动“有效教学，人人达标”活动为载体，以“促师资、促质量、促校风、促声誉”为根本点，以网站、论坛和讲座为主要交流平台，将粤西学校联合起来，以促进各校的校本研修及教师的专业化发展。为此，东简中学积极地与吴川市的塘尾中学，湛江市的新民中学、东山中学结成研修共同体，互派教师驻点交流培训、资源共享，开展联校同课异构、多人同课循环等校本研修活动，效果甚好。

该校本研修共同体以促进粤西地区乡村教师的专业化发展为宗旨，由年龄相仿、志趣相投的同学科教师组成一个个小团队，团队中的各个成员都有着共同的愿景和理想，有利于促进教师的自我教育与“草根”名师的挖掘、培养，并加速教师队伍建设。

（三）以创新校本研修形式调动教师的参与积极性

教师的参与积极性在校本研修过程中起着十分重要的作用，但实际上大部分教师的研修积极性并不高。粗略分析了一下，造成他们缺乏研修兴趣与愿望的原因在于校本研修流于形式、方法单一。

正是由于校本研修的单一、枯燥，绝大多数是组织教师学文件、学理论，对解决教师教育教学中实际问题的作用不大，因此，教师对校本研修并不重视。根据以上状况，东简中学打算以创新校本研修形式的方式来调动教师的参与积极性。

1. 开展读书活动

为了调动教师校本研修的积极性，进一步构建教师专业理论体系，提高教师的学习能力、业务水平和综合素养，结合学校作为一所乡村学校的实际，大力开展了各种主题的读书活动。雨果说过："书籍便是这种改造灵魂的工具。人类所需要的，是富有启发性的养料。而阅读，则正是这种养料。"对于教师来说，读书是提高其文化内涵不可或缺的重要途径。为此，东简中学在图书馆中设立了一个教师专业素养书架，每年征订各种教育报刊，以供教师阅读。每学期都向教师推荐相关阅读书目，并在此基础上开展"我读书，我做主"知识竞答大赛。为了有效地落实读书活动，东简中学还将教师读书活动纳入校本研修规划方案中，完善教师读书的奖励机制，如评选出优秀读书笔记、优秀读书心得等然后进行展示，并将读书活动与教师的绩效考核挂钩。通过读书活动，教师可以不断充实自己的头脑，及时更新自己的教育理念，紧跟时代的潮流，那么，学校离建设一支充满生机和活力的教师队伍的目标就不远了。

2. 展示课堂教学

学校要适当给教师布置一定的校本研修任务，在课堂教学中注入新的元素，让教师在先进理念的引领之下不断跟进和改善课堂，将校本研修中的理念融于自己的教学行为之中，从而推进课堂改革，打造高效课堂，树起"品牌强校"的鲜明旗帜。课堂是校本研修在实践中的主阵地，改革课堂是实现"品牌强校"的最有力支撑。在学习湖南省许市中学课程改革成功经验的基础上，东简中学全力探索"自学讨论—展示提升—梳理巩固—达标检测"的"四环自主开放式”的课堂教学模式，坚持“以人为本，关注生命”“快乐学习、幸福成长”的教学宗旨，遵循“人人参与，个个展示，体验成功，享受快乐”的教学原则，鼓励学生“激活思维、释放潜能、自主学习、个性发展”，解放学生，把课堂还给学生，把学习的主动权还给学生，达成“让学优生出色发展、中等生加快发展、‘学困生’自信发展”的教学目标，实现高效课堂。

一方面，开展这样的课堂能贯彻“为学生终身发展、终身幸福奠基”的办学理念。这样的课堂是“先学后教”的课堂，是把培养学生的自主学习能力作为教学的出发点和归宿的课堂，而自主学习能力是学生终身学习、终身发展的基础；这样的课堂强调“人人参与，个个展示，体验成功，享受快乐”，体验成功、享受学习的乐趣是学生拥有幸福人生的前提，学生只有享受到学习的乐趣，才能培养良好的学习习惯，才能具备终身学习的意识，才能获得终身发展。

另一方面，开展这样的课堂能有效提高学生的学业成绩。它是一种“合作学习”的课堂，学习小组是高效运转的课堂“动车组”，通过小组合作，互帮互学，能实现“让学优生出色发展、中等生加快发展、‘学困生’自信发展”的教学目标；它也是一种“目标教学”的课堂，注重对目标的检测反馈，能及时对学得不牢固的知识进行矫正和补救，实现“堂堂清”，“日日清”，“周周清”，“月月清”；它还是一种“教师少讲、精讲，学生多讲、多练”的课堂，使学生的学习主动性更强，效果更佳。

3. 丰富活动载体

校本研修的载体是活动，东简中学根据教师的实际情况有计划地开展丰富多彩的校本研修活动，满足教师的发展需要，使教师不断提升自己，从而促进教师队伍整体素质的提升。其基本形式主要有自读自研、专题讲座、教学观摩、同伴互助、网络学习、参观考察、专业引领等。

三、常态化制度的研究及探讨

（一）健全已存在的良好的学习机制

首先，为了加强教师的校本研修理论学习，东简中学注重校本研修的实际内容，针对教师教育教学的实际需求搭建理论学习平台，以提高教师的专业素养。教师坚持每周二下午的集体研修不动摇，平时加强自我学习，通过学习掌握先进的校本研修理论，着重把握、理解新课程改革的精髓，学通、学透，力争把握校本研修的方向。其次，积极搭建实践平台，提高教师的实践能力。

（二）积极投身校本研修实践

教师的实践智慧是教师已有的教学知识与理论的有效融合和升华。校本研修既是一种研究方法，也是一种促进教师专业化发展的方式，在行动中研究，在研究中行动，把课堂当作实验室，锻炼教师的实践能力。为了提高教师的校本研修实践能力，东简中学做了以下几方面的努力。

第一，积极组织学校校本研讨活动。教师通过研讨活动交流校本研修的心得体会，学习他人的先进经验，了解学校近几年的校本研修成果。

第二，大力推荐富有特色的新课程教学课和优秀远程教育资源课，鼓励教师参与学校的新课程展示，丰富展示课的呈现形式。

第三，以示范公开课为载体，大力推进教学案例分析研究、教学反思撰写、教育叙事研究及富有教师个人特色的教学设计的撰写，同时注意保存研究资料，及时上交教导处，真正使教师的研究成果发挥长效作用。

第四，增强集体备课的实效，真正发挥集体备课的同伴互助效能。每次重大的校本教学课，如优质课、新课程展示课等，都应该以备课组为单位进行集体备课，备课组全体成员都要参加，必要时可以邀请教研组全体成员共同参与，务必使每次集体备课都能发挥集体的智慧，使集体成员之间的思想相互交流、相互碰撞，产生集体智慧的火花，从而达到互相促进、共同成长，真正提高教师的校本研修能力的效果。

第五，重视听课调研、阶段小结与反馈，促进教师校本研修实践能力的进一步提高。听课调研的目的是要了解教师在实施新课程校本教学过程中对校本教学理念的领会贯彻情况、教学行为的转变情况及师生角色的定位情况等，对好的、富有特色的课堂及时总结、推广，对存在问题的课堂及时发现、改进。

第六，以课题研究为突破口，将校本研修实践中的问题理论化，通过研究形成理论系统，再对校本研修进行理论指导。课题组定期召开课题组成员会议，及时形成研修成果，同时注意材料的收集整理工作。

（三）依靠专业引领提升校本研修的整体水平

专业引领，就其实质而言，就是理论与实践相结合。大多数教师都具有较为丰富的研修实践经历，也都具有一定的研修理论水平。但在将研修理论较好地运用于研修实践、在研修实践中总结概括出自己的研修理论等方面还是比较薄弱的。为此，专业引领就显得尤为重要。

第一，真正发挥学校名师、新秀教师、骨干教师等的引领、示范作用，带动教师校本研修水平的整体提升。

第二，发挥教研组的优势，经常性地进行教研组之间的交流，互通有无，向其他教研组学习，博采众长。

第三，通过“走出去”的方式，积极主动地向上级领导、专家及兄弟学校“取经”；通过“引进来”的方式，请一些专家给教师做有针对性的培训。

（四）加强研修管理制度以确保校本研修的实效性

为加强校本研修管理，规范教师的校本研修工作，使教师在教

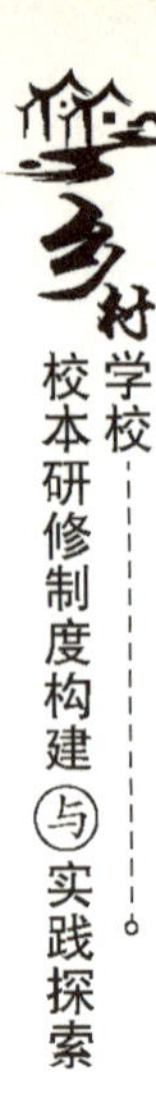

育理论、学科知识、科研能力等方面有较大幅度的提高，东简中学建立了相应的管理制度，以保证人人参与、人人遵守、人人研修。

1. 完善校级领导管理制度

校长要扮演好校本研修第一责任人的角色，全面负责，全程监督，做好组织协调工作，把握校本研修的整体进展情况；要发动全体教师积极参与校本研修，加强对广大教师的引导和教育，不仅要转变他们专业化发展的观念和方式，还要关注他们在教育教学中遇到的实际问题；其他校级领导要带头参与并指导校本研修，深入了解校本研修动态，及时发现问题，修订方案，保证校本研修的顺利进行。

2. 建立健全以研为核心的深度研修督查制度

东简中学对校本研修的相关工作实行动态管理，通过定期或随机等形式对全体教师的校本研修工作进行督查，检查和了解教师的备课、上课、观课、评课等情况，并进行评估指导。每学年对教师备课、上课、课例研究、微课题研究、撰写教学随笔和反思总结等工作的质量开展全方位督查。每年年底整理好“学校校本研修成长档案袋”“教师快乐校本研修档案袋”，以及相关的档案材料，以便校本研修领导中心小组对各教研组的校本研修情况进行突击检查（主要考核教研组的研修氛围、集体备课质量、团结合作精神等）。同时，分期调研，查漏补缺，加大对校本研修过程的管理力度。

西南师范大学出版社

《名师工程》系列丛书目录

系列	序号	书　名	作者	定价
校本研修系列	1	《乡村学校校本研修制度构建与实践探索》	谢耀丰　何淑怡 王林发	35.00
	2	《校本研修的创新策略》	邱惠群　余利芬 王林发	36.00
	3	《让每位教师都成功 ——“四环二维”校本研修模式的构建与实施》	林文智　豆海湛 王林发	35.00
名师解码系列	4	《用语文激扬生命——黄麟生与语文教育》	王林发　朱理珠 龚宝瑜	36.00
	5	《教育需要播种温暖——谢文东与儒雅教育》	余　香　陈柔羽 王林发	35.00
	6	《为了未来设计教育——梁哲与探究教育》	冼柳欣　肖东阳 王林发	35.00
	7	《真心是教育的底色——谭永焕与真心教育》	谭永焕　温静瑶 王林发	35.00
	8	《做超越自我的教师——刘海涛与创新教育》	王林发　陈晓凤 欧诗停	35.00
	9	《打造灵动的教育场——张旭与情感教育》	范雪贞　邹小丽 王林发	35.00
国际视野系列	10	《基于学生自主的教育——一位教研员眼中的加拿大教育》	杨延从	36.00
	11	《行走在日本基础教育第一线》	李润华	26.00
	12	《润物细无声——品鉴国外德育智慧》	赵荣荣　张　静	30.00
	13	《不让一个学生掉队——国际视野下的教育均衡实践》	乔　鹤	28.00
	14	《从白桦林到克里姆林宫——俄罗斯中小学教育纪实》	赵　伟	30.00
名课解码系列	15	《教师课堂提问的技巧与策略》	邓胜兴　姚凤娟 王林发	35.00
	16	《绘本教学策略的探索与实践》	邹小丽　范雪贞 王林发	35.00
	17	《教师必备的课堂掌控艺术》	张　旭　豆海湛	35.00
	18	《教师课堂观察的智慧与策略》	谭永焕　郑月桃 王林发	35.00
陕派名师系列	19	《中小学教师师德素养提升 80 讲》	张军学　曹永川 国晓华	30.00
	20	《让教育走进灵魂深处——一位优秀教师的教育心语》	刘跃红	30.00
	21	《教育与梦想同行——宝鸡“国培计划”项目成果精选》	李春杰	30.00
	22	《轻松突破作文瓶颈——构建范畴思想下的作文思维》	李旭山	35.00
	23	《爱在人生伊始——幼儿教师培训指导手册》	张　昭	35.00
	24	《为儿童终身发展奠基——幼儿教师必备的幼教技能》	靳存安	30.00
	25	《如何成为一名专家型教师》	孙铁龙　党　纳	35.00

系列	序号	书　　名	作者	定价
教研提升系列	26	《语文教师必备的音韵学素养》	李明孝	30.00
	27	《校本教研的 7 个关键点》	孙瑞欣	30.00
	28	《教师怎样做小课题研究——高效助力教师专业化成长》	徐世贵　刘恒贺	30.00
	29	《今天我们应怎样评课》	张文质　陈海滨	30.00
	30	《今天我们应怎样进行教学反思》	张文质　刘永席	30.00
	31	《一节好课需要的教育智慧》	张文质　姚春杰	30.00
教育探索者·鲁派名师系列	32	《追问历史教学之道》	钟红军	36.00
	33	《灵动英语课——高效外语教学氛围创设艺术》	邵淑红	30.00
	34	《校园，幸福教育的栖居》	武际金	30.00
	35	《复调语文——尊重生命自我成长的语文教学》	孙云霄	30.00
	36	《智趣数学课——在情感深处激发学生的数学智能》	王冬梅	30.00
	37	《高品位“悦读”——让情感与心灵更愉悦的阅读教学》	马彩清	30.00
	38	《品诵教学——感悟母语神韵的阅读教学》	侯忠彦	30.00
	39	《智趣化学课——在快乐中提升学生的科学素养》	张利平	30.00
高效课堂系列	40	《让数学课堂更高效——教研员眼中的教学得失》	朱志明	30.00
	41	《从教会到教慧——小学生数学学习能力的培养艺术》	滕　云	30.00
	42	《用什么提高课堂效率 ——有效数学课必须关注的 10 大要素》	赵红婷	30.00
	43	《让作文更轻松——小学作文高效教学 36 锦囊》	李素环	30.00
	44	《让研究性学习更高效 ——研究性学习施教指导策略》	欧阳仁宣	30.00
	45	《让母语融入学生心灵——提升学生语文素养的高效施教艺术》	黄桂林	30.00
创新课堂系列	46	《重塑课堂生命力——小学新课堂教改成功之路》	陈华顺	30.00
	47	《小学语文“三环节”阅读教学法——自学、读讲、实践》	薛发武	30.00
	48	《个性化课堂教学艺术：小学语文》	商德远	30.00
	49	《如何实现三维目标——让学生与文本共鸣的诵读教学》	张连元	30.00
	50	《想说　会说　有话可说——突破作文瓶颈的三维教学法》	杨和平	30.00
	51	《综合课的整合创新教学》	周辉兵	30.00
	52	《如何打造学生喜欢的音乐课堂》	张　娟	30.00
	53	《理想课堂的构建与实施——一个教研员眼中的理想课堂》	张玉彬	30.00
	54	《小学语文：决定教学质量的关键策略》	李　楠	30.00
	55	《用〈论语〉思想提升数学教育智慧》	胡爱民	30.00
	56	《童化作文——浸润儿童心灵的作文教学》	吴　勇	30.00
名校系列	57	《人本与生本：管理与德育的双重根基》	广州市广外附设外语学校	30.00
	58	《生本与生成：高效教学的两轮驱动》	广州市广外附设外语学校	30.00
	59	《世界视野与现代意识：校本课程开发的二元思维》	广州市广外附设外语学校	30.00
	60	《让每个生命都精彩——生命教育校本实践策略》	王鹏飞	30.00
	61	《好学校，从关注每个学生开始 ——石梅小学优质教育多元感悟》	顾　泳　张文质	30.00

系列	序号	书　　　名	作者	定价
思想者系列	62	《回归教育的本色》	马恩来	30.00
	63	《守护教育的本真》	陈道龙	30.00
	64	《教育，倾听心灵的声音》	李荣灿	30.00
	65	《心根课堂——让教育随学生心灵起舞》	刘云生	30.00
	66	《做一个纯粹的教师》	许丽芬	26.00
	67	《率性教书》	夏　昆	26.00
	68	《为爱教书》	马一舜	26.00
	69	《课堂，诗意还在》	赵赵（赵克芳）	26.00
	70	《今日教育之民间立场》	子虚（扈永进）	30.00
	71	《教育，细节的深度反思》	许传利	30.00
	72	《追寻教育的真谛——许锡良教育思考录》	许锡良	30.00
	73	《做爱思考的教师》	杨守菊	30.00
教育探索者·鲁派名校系列	74	《让生命异彩纷呈——差异教育的构建与实施》	张晓琳	30.00
	75	《博弈中的追求——一位中学校长的“零”作业抉择》	李志欣	30.00
	76	《大教育视野下的特色课程构建——海洋教育的开发实施》	白刚勋	30.00
名师教学手记系列	77	《唤醒生命的对话——孙建锋语文教学手记》	孙建锋	30.00
	78	《让作文教学更高效——王学东写作教学手记》	王学东	30.00
名校长核心思想系列	79	《智圆行方——智慧校长的50项管理策略》	胡美山　李绵军	30.0
	80	《做一个智慧的校长》	孙世杰	30.00
	81	《成为有思想的校长》	赵艳然	30.00
创新班主任系列	82	《班主任专业化成长策略》	杨连山	30.00
	83	《班级活动创新与问题应对》	杨连山　杨　照 张国良	30.00
	84	《班集体建设与创新人才培养》	李国汉	30.00
	85	《神奇的教育场——打造特色班级文化创新艺术》	李德善	30.00
创新语文教学系列	86	《曹洪彪新概念快速作文》	曹洪彪	30.00
	87	《小学语文：享受对话教学》	孙建锋	30.00
	88	《小学语文：名师教学目标落实艺术》	刘海涛　王林发	30.00
	89	《小学语文：名师魅力教学设计艺术》	刘海涛　王林发	30.00
	90	《小学语文：名师魅力课堂激趣艺术》	刘海涛　豆海湛	30.00
	91	《小学语文：单元整体教学构建艺术》	李怀源	30.00
	92	《小学作文：名师情趣课堂创设艺术》	张化万	30.00

系列	序号	书名	作者	定价
优化教学系列	93	《高效教学组织的优化策略》	赵雪霞	30.00
	94	《高效教学方法的优化策略》	任　辉	30.00
	95	《高效教学过程的优化策略》	韩　锋	30.00
	96	《让教学更生动——激发兴趣让学生快乐认知》	朱良才	30.00
	97	《让教学更高效——策略创新让教学事半功倍》	孙朝仁	30.00
	98	《让教学更开放——拓展延伸让学生触类旁通》	焦祖卿　吕　勤	30.00
	99	《让教学更生活——体验运用让学生内化知识》	强光峰	30.00
	100	《让知识更系统——整合与概括让学生建构体系》	杨向谊	30.00
	101	《让思维更创新——思辨与发散让学生思维活跃》	朱良才	30.00
名师名课系列	102	《名师如何炼就名课》（美术卷）	李力加	35.00
教师成长系列	103	《做会研究的教师》	姚小明	30.00
	104	《学学名师那些事》	孙志毅	30.00
	105	《给新教师的建议》	李镇西	30.00
	106	《教师心灵读本：成为有思想的教师》	肖　川	30.00
	107	《教师心灵读本：教师，做反思的实践者》	肖　川	30.00
幼师提升系列	108	《全国优秀幼儿健康教育活动课例评析》	教育部教育管理信息中心	30.00
	109	《全国优秀幼儿艺术教育活动课例评析》	教育部教育管理信息中心	30.00
	110	《全国优秀幼儿社会教育活动课例评析》	教育部教育管理信息中心	30.00
	111	《全国优秀幼儿语言教育活动课例评析》	教育部教育管理信息中心	30.00
	112	《全国优秀幼儿科学教育活动课例评析》	教育部教育管理信息中心	30.00
教师修炼系列	113	《班主任工作行为八项修炼》	杨连山	30.00
	114	《教师心理健康六项修炼》	李慧生	30.00
	115	《教师专业化五项修炼》	杨连山　田福安	30.00
	116	《课堂教学素养五项修炼》	刘金生　霍克林	30.00
	117	《高效教学技能十项修炼》	欧阳芬　诸葛彪	30.00
	118	《教师新师德六项修炼》	王毓珣　王　颖	30.00
创新数学教学系列	119	《小学数学：名师教学目标落实艺术》	余文森	30.00
	120	《小学数学：名师高效教学设计艺术》	余文森	30.00
	121	《小学数学：名师易错问题针对教学》	余文森	30.00
	122	《小学数学：名师魅力课堂激趣艺术》	余文森	30.00
	123	《小学数学：名师同课异教》	林高明　陈燕香	30.00
	124	《小学数学：名师抽象问题艺术教学》	余文森	30.00

系列	序号	书　　名	作者	定价
教育心理系列	125	《做最好的心理导师——中学生心理健康咨询手册》	杨　东	30.00
	126	《每天学点教育心理学》	石国兴　白晋荣	30.00
	127	《学生心理拓展训练与指导》	徐岳敏	30.00
	128	《好心态成就好学生——学生心理问题剖析与对症教育》	李韦遴	30.00
教学新突破系列	129	《把教学目标落实到位——名师优质课堂的效率管理》	冯增俊	30.00
	130	《拿什么调动学生——名师生态课堂的情绪管理》	胡　涛	30.00
	131	《零距离施教——名师和谐师生关系的构建艺术》	贺　斌	30.00
	132	《一个都不能落——名师提升学困生的针对教学》	侯一波	30.00
	133	《让学习变得更轻松——名师最能吸引学生的情境设计》	施建平	30.00
	134	《让知识变得更易学——名师改造难学知识的优化艺术》	周维强	30.00
教育通识系列	135	《用心做教师——青年教师快速成长的十大定律》	王福强	30.00
	136	《做最受学生欢迎的老师》	赵馨　许俊仪	30.00
	137	《做有策略的校长——经典寓言与学校管理智慧》	宋运来	30.00
	138	《做有策略的教师——经典故事中的教育启示》	孙志毅	30.00
	139	《从学生那里学教书》	严育洪	30.00
	140	《突破平庸——提升教育质量的 31 个跳板》	严育洪	30.00
	141	《教育，诗意地栖居》	朱华忠	30.00
	142	《好班规打造好班级》	赵　凯	30.00
	143	《做学生成长的引领者——学生终身成长的素质培养》	田祥珍	30.00
	144	《如何管出好班级——突破班级管理的四大瓶颈》	刘令军	30.00
	145	《青春期性教育教师实用手册》	闵乐夫	30.00
高中新课程系列	146	《高中新课程：教师角色转变细节》	缪水娟	30.00
	147	《高中新课程：班主任新兵法细节》	李国汉　杨连山	30.00
	148	《高中新课程：教学管理创新细节》	陈　文	30.00
	149	《高中新课程：更有效的评价细节》	李淑华	30.00
名师讲述系列	150	《施教先施爱——名师讲述班主任的核心教导力》	杨连山　魏永田	30.00
	151	《在欢乐中成长——名师讲述最具活力的课堂愉快教学》	王斌兴	30.00
	152	《让学生做自己的老师 ——名师讲述如何提升学生自主学习能力》	徐学福　房　慧	30.00
	153	《引领学生高效学习 ——名师讲述如何提高学生课堂学习效率》	刘世斌	30.00
	154	《教育从心灵开始——名师讲述最能感动学生的心灵教育》	张文质	30.00

系列	序号	书　　名	作者	定价
教育管理力系列	155	《名校激励管理促进力》	周　兵	30.00
	156	《名校安全管理执行力》	袁先澂	30.00
	157	《名校师资团队建设力》	赵圣华	30.00
	158	《名校危机管理应对力》	李明汉	30.00
	159	《名校校本研究创新力》	李春华	30.00
	160	《学校文化力建设策略》	袁先澂	30.00
	161	《名校长核心教育力》	陶继新	30.00
	162	《名校长高绩效领导力》	周辉兵	30.00
教育管理力系列	163	《名校行政管理细节力》	杨少春	30.00
	164	《名校教学管理提升力》	张　韬　戴诗银	30.00
	165	《名校学生管理教导力》	田福安	30.00
	166	《名校校园文化构建力》	岳春峰	30.00
大师讲坛系列	167	《大师谈教育心理》	肖　川	30.00
	168	《大师谈教育激励》	肖　川	30.00
	169	《大师谈教育沟通》	王斌兴　吴杰明	30.00
	170	《大师谈启蒙教育》	周　宏	30.00
	171	《大师谈教育管理》	樊　雁	30.00
	172	《大师谈儿童人格塑造》	齐　欣	30.00
	173	《大师谈儿童习惯培养》	唐西胜	30.00
	174	《大师谈儿童能力培养》	张启福	30.00
	175	《大师谈早恋与性教育》	闵乐夫	30.00
	176	《大师谈儿童情感教育》	张光林　张　静	30.00
教育细节系列	177	《名师最具渲染力的口才细节》	高万祥	30.00
	178	《名师最有效的沟通细节》	李　燕　徐　波	30.00
	179	《名师最有效的激励细节》	张　利　李　波	30.00
	180	《名师培养学生好习惯的高效细节》	李文娟　郭香萍	30.00
	181	《名师人格教育的经典细节》	齐　欣	30.00
	182	《名师营造课堂氛围的经典细节》	高　帆　李秀华	30.00
	183	《名师最有效的赏识教育细节》	李慧军	30.00
	184	《名师最有效的批评细节》	沈　旎	30.00

系列	序号	书　　　　名	作者	定价
教学提升系列	185	《方法总比问题多——名师转变棘手学生的施教艺术》	杨志军	30.00
	186	《用特色吸引学生——名师最受欢迎的特色教学艺术》	卞金祥	30.00
	187	《让学生爱上课堂——名师高效课堂的引导艺术》	邓　涛	30.00
	188	《拿什么打开思路——名师最吸引学生的课堂切入点》	马友文	30.00
	189	《没有记不牢的知识——名师最能提升学生记忆效果的秘诀》	谢定兰	30.00
	190	《让学生的思维活起来——名师最激发潜能的课堂提问艺术》	严永金	30.00

征稿启事

《名师工程》系列丛书是西南师范大学出版社策划、组织出版的大型系列教育丛书。丛书以新课程下的新教学为背景，以促进施教者的教育能力为落脚点，以提高教育质量、提升教师水平为宗旨。

丛书首批推出的“名师讲述”“教学提升”“教学新突破”“高中新课程”“教师成长”“大师讲坛”“教育细节”“创新语文教学”“教育管理力”“教师修炼”“创新数学教学”“教育通识”“教育心理”“创新课堂”“思想者”“名师名课”“幼师提升”“优化教学”“教研提升”“名校长核心思想”“名校”“高效课堂”“创新班主任”“教育探索者”“陕西”“名师解码”“名师教学手记”“国际视野”等系列，共160多个品种，其余系列也将陆续出版。为了让广大教师有一个交流、借鉴的机会，同时也为了给广大教师提供更多、更好的图书，《名师工程》系列丛书编辑出版委员会特向全国教育工作者征集稿件。

稿件要求：

1.主题鲜明、新颖，有独创性。

2.主题以提升教育能力为主，也可适当外延。

3.主题要有一定规模、有典型案例支撑。

4.案例要贴近教育实际，操作性强。

5.文章、书稿结构清晰，语言精彩。

书稿作者在选题确定之后，请及时与我们做好沟通，具体事宜确定好之后再进行创作；也欢迎用已经完稿的稿件投稿。一线教师如希望参与图书案例的创作，可联系我社策划机构，由策划机构备案，在适合的图书中参与创作。

真诚欢迎各位教师踊跃投稿。

联系方式：

西南师范大学出版社高教分社北京策划部

电话：010-68403096

E-mail：guodejun1973@163.com